动车组安全监控分析系列丛书

动车组运行
故障图像检测系统(TEDS)
分析与运用管理

牛　刚　杨　凯　李卓亮　庚　伟　主编
赵小兵　何旭升　贾志凯　罗　果　主审

中国铁道出版社有限公司

2025年·北　京

内 容 简 介

全书共分为四章，主要介绍了动车组运行故障图像检测系统（TEDS）的应用背景与设计原则、构成及工作原理、使用方法、运用管理四个方面的内容，其中包括轨边设备、各用户权限的操作说明、运用管理经验等方面的知识。本书着重讲述了 TEDS 的工作原理与详细操作方法，并配以大量的操作界面图，简明直观，便于读者掌握，具有很强的实用性和针对性。

本书可供铁路系统动车组 TEDS 分析人员及运用管理人员学习使用，亦可供动车组、客车、货车安全监控工作人员及高等学校、科研院所研究人员阅读参考。

图书在版编目(CIP)数据

动车组运行故障图像检测系统（TEDS）分析与运用管理/牛刚等主编．—北京：中国铁道出版社，2018．12（2025．8 重印）
（动车组安全监控分析系列丛书）
ISBN 978-7-113-25085-0

Ⅰ．①动…　Ⅱ．①牛…　Ⅲ．①动车-故障检测-自动检测系统
Ⅳ．①U266

中国版本图书馆 CIP 数据核字(2018)第 247831 号

书　　名：动车组运行故障图像检测系统(TEDS)分析与运用管理
作　　者：牛　刚　杨　凯　李卓亮　矦　伟

责任编辑：黄　璐　李润华　　**编辑部电话：**(010)51873138　　**电子邮箱：**jiliang@tdpress.com
封面设计：崔　欣
责任校对：焦桂荣
责任印制：赵星辰

出版发行：中国铁道出版社有限公司(100054，北京市西城区右安门西街 8 号)
网　　址：https://www.tdpress.com
印　　刷：天津嘉恒印务有限公司
版　　次：2018 年 12 月第 1 版　2025 年 8 月第 4 次印刷
开　　本：787 mm×1 092 mm　1/16　**印张：**6.75　**字数：**123 千
书　　号：ISBN 978-7-113-25085-0
定　　价：45.00 元

前　言

动车组运行安全需要通过科技手段进行可靠保障，随着车辆系统5T设备监控技术的发展成熟，动车组运行故障图像检测系统（TEDS）应运而生，并得到广泛应用。TEDS系统现已配置到全路18个铁路局集团公司156个探测站，其中，中国铁路广州局集团有限公司管辖内现已设置16个探测站，分布在京广、沪昆等各客运专线枢纽进站咽喉区域，覆盖监控全部动车组运用。

广州动车段监控分析工作设立专门车间，24 h倒班对管内途经的15个铁路局集团公司、23种动车组分支车型、1 400～2 000组标准动车组进行运用监控分析，确保中国铁路广州局集团有限公司管内动车组运行安全。TEDS系统自2016年投入运用以来，监控分析发现了不少动车组运用故障并可靠拦停处置，为确保动车组运用安全立下了汗马功劳。由于各铁路局集团公司TEDS系统运用时间均不长，只建立起基本的运用管理文件、作业指导书、操作说明书体系，缺乏有效的培训教材和参考资料对职工进行日常和新职系统培训。为了进一步保障动车组的运行安全，通过提升素质提高动车组图像的分析作业质量，在日常运用工作中本书编者注意将一些文件要求、设备说明进行消化、理解、整合，将一些积累的工作经验和运用成果进行梳理总结，预计逐年、逐步编写一套《动车组安全监控分析系列丛书》。其中，本册《动车组运行故障图像检测系统（TEDS）分析与运用管理》为本丛书出版的开篇，在此基础上将陆续编写《动车组运行故障图像检测系统（TEDS）动态检查方法及案例》《滚动轴承故障轨边声学诊断系统（TADS）分析与运用管理》等图书，旨在抛砖引玉，促进动车组运行安全监控分析运用工作不断完善提高。未来，还将进一步根据现场运用作业的实际情况，在降低监控作业重复度、精简故障处置等级、优化监控处置流程、明确运用管理要求、加强与检修相结合等方面开展更多的工作，为TEDS运用管理工作的优化与改进提供理论支持。

本书共分为四章。第一章为TEDS概述,介绍了TEDS的应用背景、设计原则和设备供应情况。第二章为TEDS构成及工作原理,介绍了TEDS的总体构成、工作原理和设备运用维护的关键技术。第三章为TEDS系统使用,介绍了TEDS系统功能及运行环境、分析员以及管理人员操作说明。第四章为TEDS运用管理,介绍了TEDS的运用管理相关规定、运用特点、运用存在的困难和问题以及应急处置方法。

本书由中国铁路广州局集团有限公司广州动车段赵小兵、中国铁路广州局集团有限公司广州动车段何旭升、中国铁道科学研究院集团有限公司电子计算技术研究所贾志凯、中国铁路广州局集团有限公司广州动车段罗果主审。参与审稿人员有中国铁路总公司车辆部动车客车处付政波、中国铁路动车组技术中心陈振虹、中国铁路广州局集团有限公司车辆处钱卿、中国铁路广州局集团有限公司广州动车段宋金等同志。

本书由中国铁路广州局集团有限公司广州动车段牛刚、中国铁道科学研究院集团有限公司电子计算技术研究所杨凯、中国铁路广州局集团有限公司广州动车段李卓亮、中国铁路广州局集团有限公司广州动车段赓伟主编。参编人员有中国铁路广州局集团有限公司广州动车段崔潆心、肖运峰、潘晓明、颜晓亮、李万平等同志。在此一并感谢在本书编写过程中相关设备单位提供的有关设备信息。

由于编写人员水平、时间及能力有限,书中难免有疏漏和错误之处,敬请广大读者批评指正。

编　者

2018年12月

目 录

第一章　TEDS 概述

第一节　TEDS 应用背景

自 2007 年动车组在广深线开通以来，高速铁路发展日新月异。目前全路每日数千组动车组满负荷运营，极大地提高了中国铁路的客运能力，缩短了城市与城市、人与人之间的距离，改变了人们的出行模式和生活方式，是中国综合交通运输体系跨越式发展、代表“一带一路”中国特色的一张亮丽的名片。随着高铁“四纵四横”网络的建成和“八纵八横”网络的规划，高速动车组已经普及开行。在高速运行状态下，任何细小、细微的故障都有可能引发重大事故，因此提高长交路及站折过程中动车组高速运行中部件状态的检测和异常预警可靠性，提高动车组检修、运用质量，加强动车组检修作业质量的监控显得至关重要。

为了针对现有运行动车组故障检测手段的空白，采用设备视觉（变化检测）对运行动车组的可视结构异常情况进行实时分析，辅助自动预警的技术研判，建立了动车组运行故障动态图像检测系统。该系统采用模块化设计方法集成了高速控制技术、高速图像采集技术、动车组车辆标识技术、低通道图像处理传输技术以及动车组异常报警等关键技术。实现了对高速运行的动车组转向架、底板、车端连接部、裙板等关键部位的可视状态进行监控分析，并实现智能检测报警，提高了动车组检修作业的效率，提高了对运行过程中动车组隐蔽故障的发现和预警能力。

动车组运行故障图像检测系统（Train of EMU Failures Detection System 简称 TEDS）与货车故障轨旁图像检测系统（简称 TFDS）、客车故障轨旁图像检测系统（简称 TVDS）等同为 5T 设备中的图像类检测产品。自投入使用以来，利用自动识别和人工确认相结合的方式发现了很多危及行车安全的动车组故障。通过及时发现动车组故障、及时处理，有效地保障了动车运行安全。TEDS 是利用轨边安装的高速线阵相机，拍摄运行状态下动车组转向架制动装置、传动装置、车体底板、车体裙板、车端连接部等可视部件的外观图像，通过 3D 成像处理深度信息比对、图像识别、图像处理等技术实现图像自动对比分析，发现故障并报警。而图像识别技术应用目前多种热点数据处理手段，比如神经网络机器学习，对图像异常进行分析，从而实现对关键部件进行（自动）故障报警，利用三级联网实时传输至监控中心,向监控中心的分析员提供图像信息和预警信息,及时发现故障、预报故障、处理故障,保障动车组运行安全。

提高动车组检修生产作业效率、保证动车组的检修质量、研究动车组源头质量问题以及监控分析动车组运行状态是动车组运行安全保障工作中最直接有效的工作措施。为了加强动车组运行状态监控分析工作,实现科技手段确保安全,TEDS 系统由此应运而生。中国铁路总公司(以下简称铁路总公司)在全路车辆系统安全风险管理工作中,要求全线配备动车组运行故障图像检测系统(TEDS)。目前有四家公司着力开发研究以及后期更新维护 TEDS 设备,分别是北京京天威科技发展有限公司(于 2010 年 6 月通过铁道部组织评审)、北京康拓科技有限公司(于 2013 年 1 月 22 日通过铁道部组织评审)、哈尔滨科佳通用机电有限公司(于 2013 年 1 月 31 日通过铁道部组织评审)、苏州华兴致远电子科技有限公司(于 2014 年 11 月 20 日通过铁路总公司组织评审)。全路范围首次进行招标,2013 年正式安装运行,随后在 2014～2015 年研究技术标准制定时,四家 TEDS 设备生产厂家对设备进行统型改造,2015 年底增加了面阵相机 3D 模块功能,形成 TEDS-3D。目前全路在投用的 TEDS 设备中,统型基本上是 TEDS-3D 设备,少量是 2013 年底安装的非统型设备。

TEDS 设备包括线上设备系统以及入所设备系统。线上设备系统主要安装在大型客运站入站枢纽位置,适用动车组车速为 5～90 km/h 的图像采集;入所设备系统主要安装在入所咽喉区域,用于对动车组关键部位技术状态的监控分析,若经认证评审通过,可部分取代一级修作业。目前,中国铁路广州局集团有限公司和各铁路局集团公司安装的全部是线上设备系统,入所设备系统仅在北京、郑州等几个动车所试装使用。本书介绍的也是 TEDS 线上设备系统,入所设备系统原理类似,只是监控侧重点和保障要求有所不同。

第二节　TEDS 系统设计原则

动车组运行时,动车组有各种传感器及监控网络可以实现对动车组本身运行状态的状态监测、故障监测及故障诊断,监控模块包括:高压供电、照明、空调、制动、门控、轴温、火灾报警、旅客信息等。但是动车组本身的监控网络无法覆盖到运行过程的所有状态,特别是车底及车侧的结构件(即外部可视部分),在动车组高速运行下,异物的撞击、运行和高频振动过程造成松动、松脱的可能性非常大,严酷气候条件变异、冰雪大气覆盖等都可能会对车体关键部位造成意外破坏,如果带病长距离高速运行极可能会导致运行事故。同时对于动车组走行部,其各个组成部件受较大的传动力、制动力及高频振动，在运行过程中可能出现螺栓异常松动、部件移位等情况，作业过程中可能会出现盖板异位、部件脱落、防松措施失效等问题。如果某个关键螺栓脱落时，就会造成关联部件各个螺栓受力不均，在长距离运行时可能造成系统多个螺栓脱落，乃至底板脱落，从而导致发生列车事故。为及时发现车体结构件异常和运动异常情况，需要设计一套检测系统，在动车组运行状态时模拟人工检查对各结构件状态进行查看分析及故障诊断。利用机器视觉对可视部位结构件异常分析报警实现了目前比较先进且成熟的技术模式，由此产生了 TEDS 系统。TEDS 系统采用机器视觉为核心的高速控制、高精度定位采集图像异常分析为基础的技术构架。由于动车组交路运行具有折返运行的特点，即每个动车所配属的动车组固定运行在某一线路上，即 TEDS 设备在采集到同一列动车的通过图像后，可以找到其最近过车的历史图像，也可与该动车组出厂时的历史采集图像对比，通过现有图像和采集的历史图像的图像标准以及特征值比对，通过过滤排除光线、速度等影响因素，即可获取当前运行动车组的结构件是否有变形、变形的趋势以及变化的类型，利用这种思路即可实现结构异常变动的分级报警。同时系统对于一些关键部件利用模型深度学习的方法进行故障识别预警，能够对关键故障提前预警、人工确认，以实现全方位覆盖异常报警，确保动车组运行安全。

复习思考题

1. 什么是 TEDS 系统？其工作原理是什么？
2. 目前 TEDS 系统设备主要是哪几家公司的产品？

第二章　TEDS 构成及工作原理

第一节　TEDS 总体构成

TEDS 由探测站轨边设备、探测站机房设备、监控中心设备及终端等组成，如图 2-1 所示。

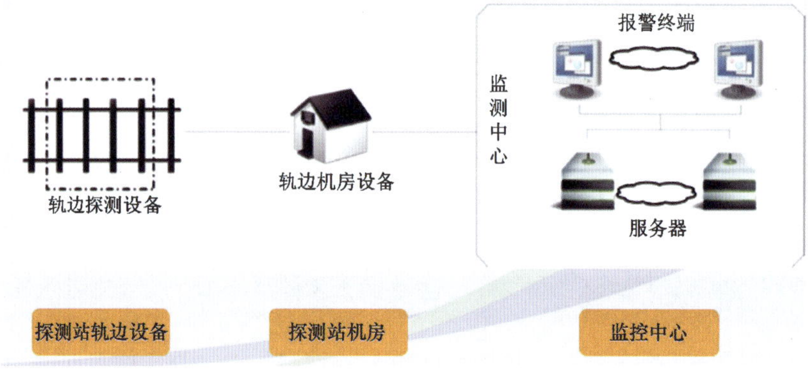

图 2-1　TEDS 总体构成

TEDS 轨边硬件主要包括轨边设备及轨边机房设备，如图 2-2 所示。其中轨边设备的具体布置如图 2-3 所示，TEDS 轨边设备硬件包括底箱和侧箱，侧面和底部的防护箱中有补偿激光光源、线阵图像高速摄像机模块、吹风除尘排水装置等，轨道上安装有 AEI 装置(车号天线)、车轮传感器(磁钢)等。而探测站轨边机房里的设备包括图像数据采集、处理服务器以及存储数据设备、图号自动识别服务器、控制设备、远程监控、KVM、数据传输、网络接入、防雷设备、空调、不间断电源等。

监控中心里配备有集中检测服务器、安全监测终端、设备前端复示终端、打印机、防雷设备等。

一、TEDS 轨边设备

1. TEDS 探测站

TEDS 探测站是指安装在铁道轨内及轨外的，用于对动车组运行信息及图像进行采集的设备。轨边设备包括线阵图像采集模块、3D 成像模块、激光光源模块、AEI 天线、车

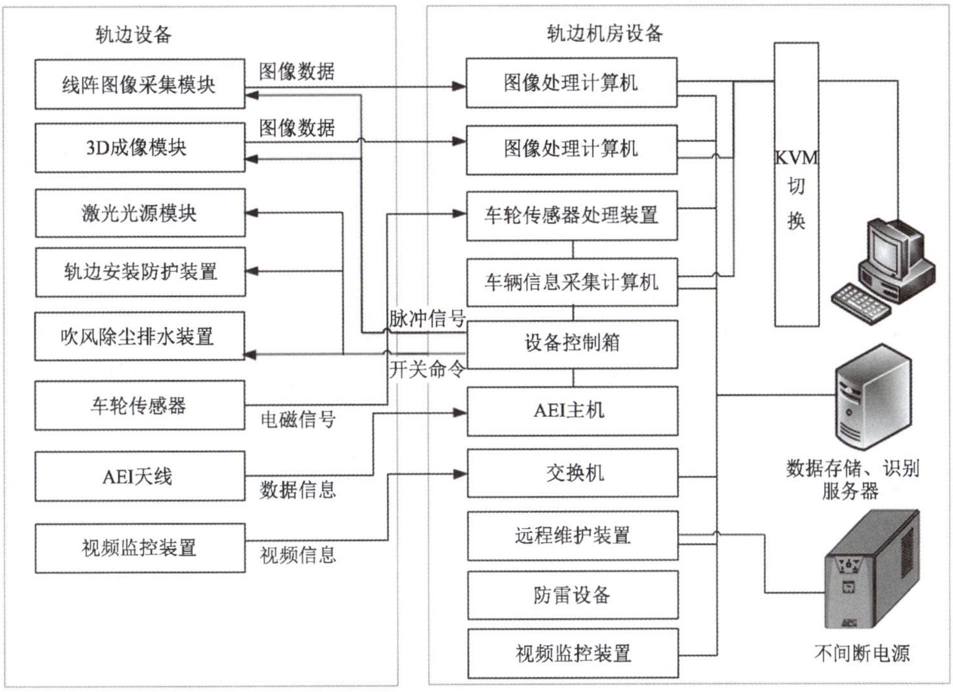

图 2-2　轨边设备及轨边机房设备详细构成

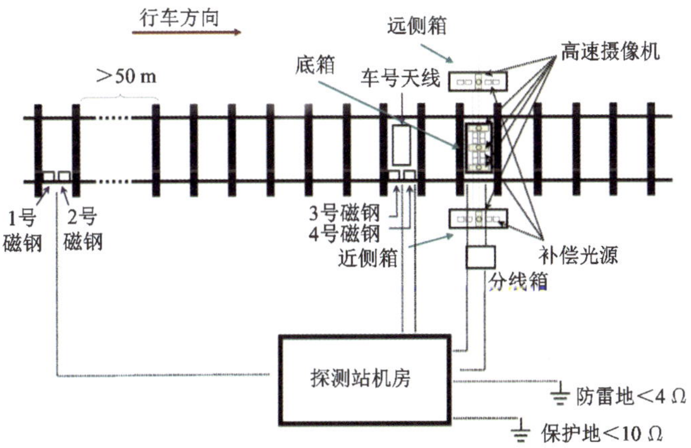

图 2-3　TEDS轨边设备布置

轮传感器、轨边安装防护装置(轨内底箱、轨外底箱、侧箱、分线箱)、吹风除尘排水装置、视频监控装置、电缆、光纤等,设备按标准模块化设计,可通用互换。

探测站轨边设备设有防护设备,如图 2-4 所示,防护设备具有保护门,如图 2-5 所示,对相机和补偿光源进行防护,只有在列车通过时,磁钢得到列车通过信号后,控制保护门才打开,相机进行拍摄。轨边设备的防护设备保护箱具有抗振性,具备防水、除尘的功能,适应轨边环境。防护箱体内安装图像采集模块、吹风除尘装置、线缆等。图 2-6 所示为探测站底箱相机模块,负责线上运行动车组底部通道的图像采集,同样,内含线阵图像采集模块及吹风除尘排水装置等。

图 2-4　轨边侧箱防护设备

图 2-5　轨边侧箱相机及保护门

图 2-6　探测站底箱相机模块

2. TEDS 图像采集模块

探测站的底箱和侧箱的防护箱箱体内安装的主要是图像采集模块,包括:线阵图像采集模块,由高速线阵相机和激光光源组成,采集通过列车的线阵图像;3D 成像模块,由高速 3D 面阵相机和激光光源组成,采集通过探测站的列车的 3D 数据。TEDS 图像采集模块对动车组底部及侧部可视部件进行图像数据采集,采集范围主要包括底部可视部件(车体底部、转向架制动装置、传动装置、牵引装置、轮轴、车钩装置、电务车载设备车底部件及车底部其他可视部位)和侧部可视部件(侧部裙板、转向架及轴箱、车端连接部等可视部位)。统型 TEDS 具备左侧上、左侧下、右侧上、右侧下、底中、底左内、底左外、底右内、底右外共 9 个通道。

在 TEDS 探测站图像采集模块中的高速相机主要是采取线阵相机采集图像的方式,线阵相机与我们平时日常生活中使用的面阵相机不同,是一类特殊的视觉机器,它的传感器只有一行感光元素,因此使高扫描频率和高分辨率成为可能。线阵相机普遍应用在检测连续的材料,例如金属、塑料、纸和纤维等,最为适用于匀速运动的物体的检测。利用一台或多台相机对运动物体连续、逐行的扫描,以达到对其整个可视表面均匀检测的效果。在 TEDS-3D 模块中主要采取面阵相机采集图像数据，面阵相机是一款以目标物体形面为单位来进行图像采集的成像工具，可以一次性获取完整的目标图像，适用于直观测量图像，可检测目标物体的形状、尺寸甚至温度信息。TEDS-3D 模块主要是为了获得动车组可视部件的深度信息，进行比对，达到自动报警的目的。TEDS-3D 采集的图像如图 2-7、图 2-8 所示。

图 2-7 TEDS-3D 采集侧部裙板图像

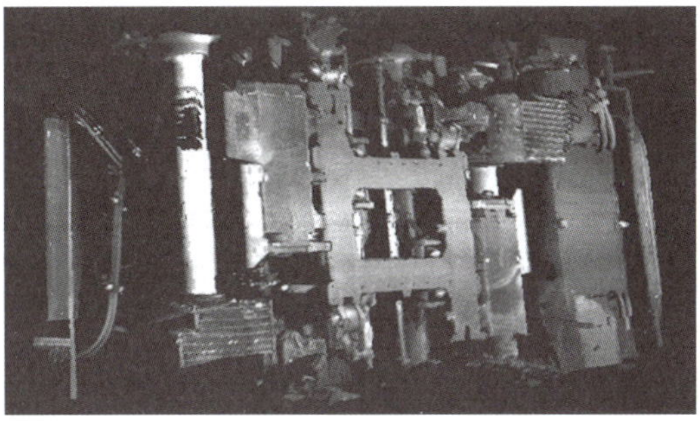

图 2-8 TEDS-3D 采集转向架图像

目前轨道的设置，分为有砟道床和无砟道床，针对这两种情况，TEDS 的安装方式及成像原理略有区别。在有砟道床中，因空间比较富余，TEDS 探测站的底箱中图像采集模块布置在道床下，与行车方向垂直，图像采集模块的补偿光源发出光，高速相机直接进行拍摄，其设备布置如图 2-9 所示。补偿光源使用激光光源，由激光器产生，激光器安装在轨边分线箱内，与图像采集模块中的补偿光源用光纤连接。而无砟道床探测站设备布置紧凑，如图 2-10 所示。在无砟道床中，TEDS 设备的底部图像采集模块沿着行车方向平放安置，在镜头前方安装平面反射镜。图像采集模块补偿光源发出的光，经过平面镜反射，照射到动车组车体底部，再反射回平面镜，最后回到相机镜头，相机感光元器件采集到车体底部反射回来的光，最终转换成图像，其工作原理如图 2-11 所示。

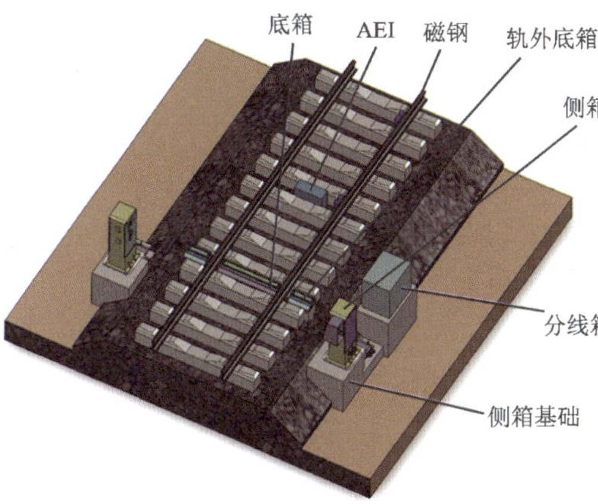

图 2-9 有砟道床探测站设备布置

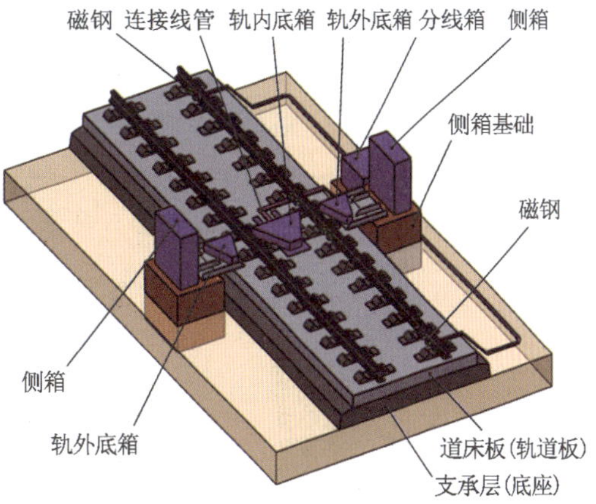

图 2-10 无砟道床探测站设备布置

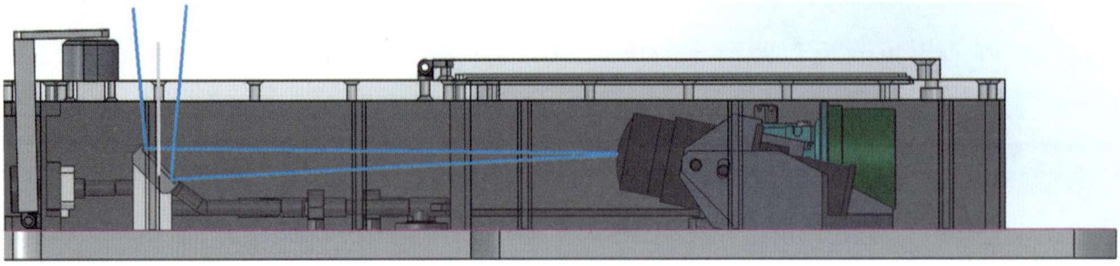

图 2-11　无砟道床安装 TEDS 探测站图像采集模块工作原理

3. 轨边磁钢

TEDS 探测站在没有动车组通过时，防护门都是关闭状态，对拍摄系统进行保护。启动系统，由车轮传感器(又称磁钢)实现系统接车、测速、计轴计辆、拍摄图像定位等功能。一个 TEDS 探测站至少设置 4 个磁钢，分别是远端 2 个开机磁钢和近端 2 个计轴计量磁钢。

两个远端开机磁钢距离图像采集模块要求大于 50 m，两个磁钢间距离约为 250～270 mm。远端磁钢用于列车探测，当动车组经过远端磁钢时，系统进行接车准备，进入接车状态，防护箱开门，打开 AEI 设备准备记录车次，开启补偿光源。近端计轴计量磁钢安装在距离图像采集模块 5 m 内，两个磁钢间距离同样为 250～270 mm，系统根据近端计轴计量磁钢信号计算列车速度、计轴计辆。近端磁钢的安装位置必须与相机安装位置紧密联系，当车轮压过磁钢时，防护门打开，所有相机便开始拍照。轨道上的磁钢如图 2-12 所示。

图 2-12　磁钢

二、TEDS 轨边机房设备

轨边机房设备主要用于对动车组运行信息及图像进行处理，它包括车辆信息采集计算机、图像处理计算机、数据存储服务器和图像自动识别服务器，以及 AEI 主机、视频监控装置、车轮传感器处理装置、KVM、信号防雷设备、电源防雷设备、设备控制箱、远程维护装置、交换机、UPS 不间断电源、空调等，各设备统型技术标准进行模块化设计，可通用互换。

轨边机房机箱如图 2-13 所示。磁钢信号需要通过车轮传感器智能处理装置由模拟信号处理成数字信号后才能进入车辆信息采集计算机，车轮传感器智能处理装置是通过综合模糊信号处理技术，动态评估被检测动车组高速、低速、变速、停车再启动等各种复杂现场工作环境，在两块智能微处理芯片实时协调下，跟踪作业现场各种复杂工作条件，实现不同现场环境条件下装置的动态通道阈值的分级自动调整、模糊跟踪并且自适应有效信号处理、有效屏蔽各种干扰脉冲等功能，正确接收处理被监测动车组的车轮位置信号，对其进行全面调理和智能化数字转换，使其成为相应设备系统所需要的标准数字信号后再经过车辆信息采集计算机处理。

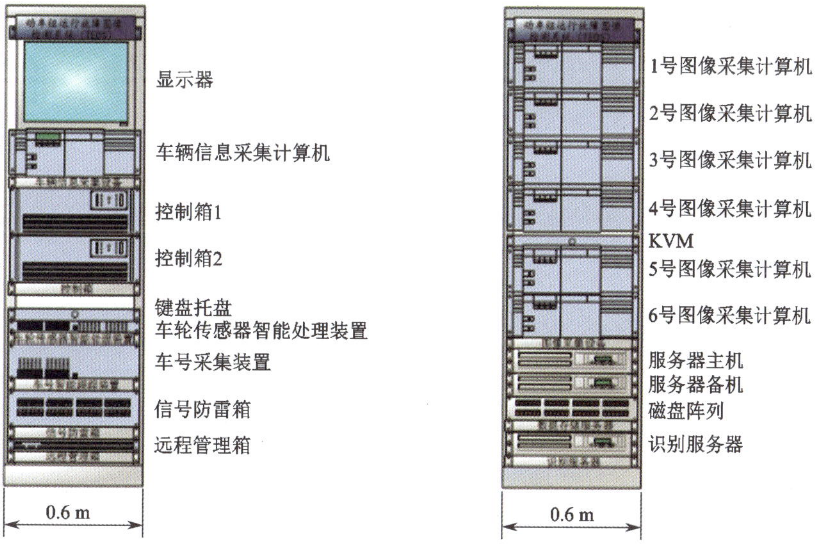

图 2-13　轨边机房机箱

车辆信息采集计算机安装有车辆信息采集软件及硬件控制板卡，它主要用于接收磁钢处理的信号，进行计轴、计辆、测速，同时控制补偿光源和保护门的开启和关闭，并给相机提供触发控制信号。控制箱主要用于控制工控机发出的控制信号，对内部的继电器板卡和相关继电器进行操作，从而控制轨边设备（防护门、相机、光源）的正常运转。控制箱内安装有工作开关电源、继电器板卡等,内部开关电源主要提供 12 V、24 V 直流电源。

数据存储服务器有服务器主机以及服务器备机,这是使用双机热备技术,确保服务器的高容错性和高可用性。服务器主要是用于存储车辆信息、预报故障信息和所有相机通道的图像信息,存储周期大于 30 天。识别服务器主要用于对采集到的动车组图像进行改名、分析、车号识别、预报故障自动识别,对图像中异常的部位进行分级报警提示。

远程管理箱主要用于远程维护,通过网络实现探测站机房设备远程维护。各服务器以及磁盘阵列等自带远程管理功能。远程管理视图如图 2-14 所示。

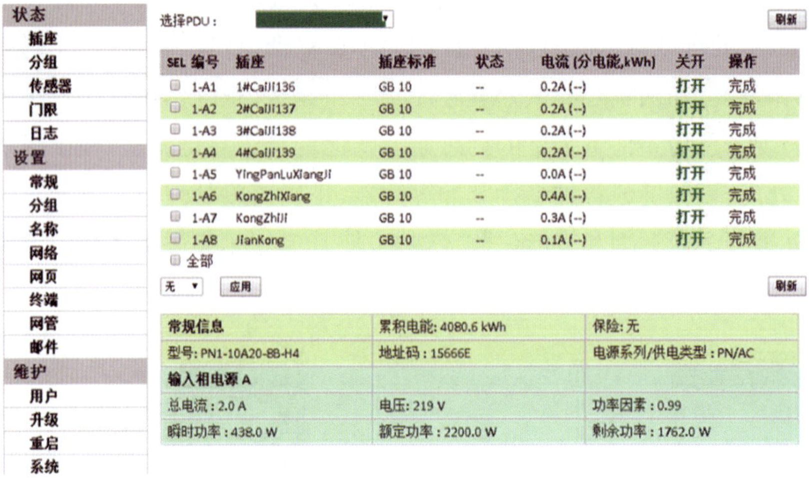

图 2-14 远程管理视图

三、监控中心设备

如图 2-15 所示,监控中心设备包括接口服务器、数据库服务器、平台应用服务器、工作组终端等。轨边相机是通过千兆网线与图像采集计算机直连,图像采集计算机、车辆信息采集计算机、数据服务器共同接入一个交换机,构成探测站内部数据交换的局域网;服务器、监控摄像机、远程管理设备等接入一个交换机,再通过光纤与监控中心设备相连通;工作组前端复示终端、监控中心服务器等接入交换机,构成动车组分析作业的局域网。动车组监控分析作业的监控平台展示如图 2-16 所示,其中包括自动报警功能及人工分析确认功能,用以监控动车组线上运营安全。

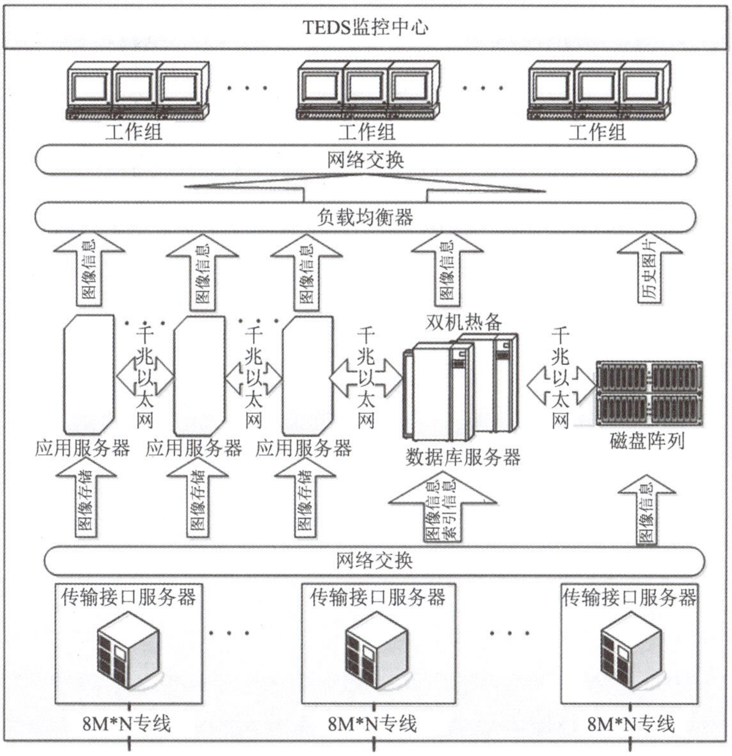

图 2-15　监控中心设备

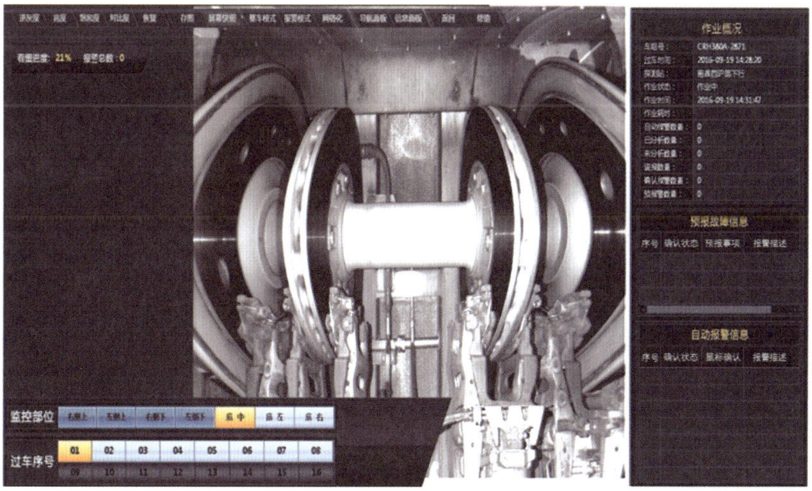

图 2-16　监控分析作业—监控平台展示

第二节　TEDS设备工作原理及关键功能模块

一、TEDS设备工作流程

图2-17为TEDS设备工作流程,可知工作流程如下:TEDS设备等待接车状态——→第一辆车收到1号、2号磁钢信号——→进入接车状态,打开保护门、触发车号采集装置,上电进入采集状态、同时打开激光补偿光源——→列车车轮压过3号、4号磁钢,磁钢进行计轴、计辆、测速,同时相机按不同频率进行触发拍照——→最后一辆车通过3号、4号磁钢后超过延时时间,系统认定过车完毕——→关闭激光补偿光源的触发、关闭保护门、将车号采集装置断电——→进入等待接车状态。

图像数据处理流程如下:车轮压过磁钢——→车辆信息采集计算机采集车辆信息并传送到服务器,同时触发相机拍照;图像采集计算机将相机拍摄的图片压缩处理后传送至服务器——→服务器将车辆基本信息及时入库,图像存入指定的文件夹下,图像进行改名——→图像自动识别服务器识别车号,同时对图像进行对比分析,识别故障——→服务器将故障对比结果、图像、车辆信息等上传至接口服务器——→接口服务器将列车信息、车辆信息、故障信息等传输至数据库——→前端系统平台进行派工——→各工位计算机进行分析作业——→作业完毕,交车,等待下一列车派工。

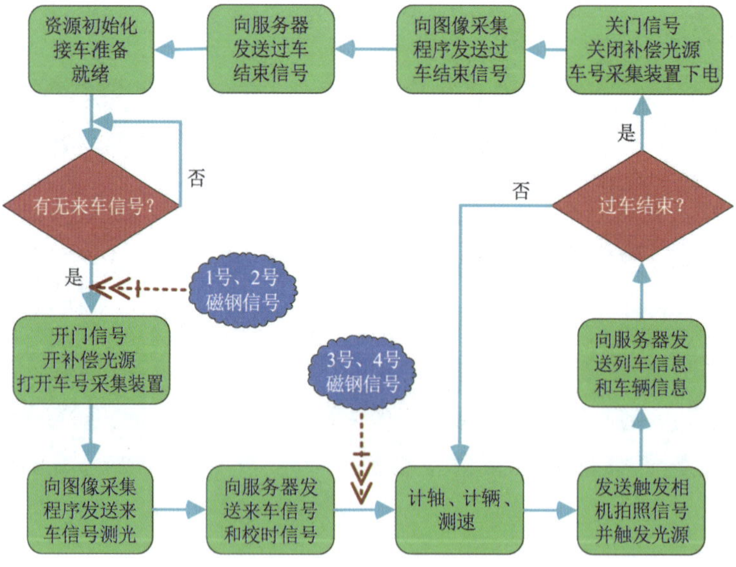

图2-17　TEDS设备工作流程

二、TEDS设备关键功能模块

1. 线阵图像采集功能模块

车辆信息采集计算机接收磁钢处理的信号，计算后进行计轴、计辆、测速，线阵相机根据系统计轴计辆进行测速，从而相应调整拍摄频率；线阵相机拍摄的图像实时传输至图像采集计算机，再进行压缩处理。

2. 3D图像采集合成功能模块

TEDS-3D模块能够对动车组底部及侧部可视部件进行3D深度信息的数据采集，形成动车组可视部件的3D数据模型，并可对3D数据模型进行多角度查看。

3. 图像自动识别报警功能模块

图像自动识别报警功能模块结合动车组车辆、车型、部位等先验知识和现场故障数据统计分析，能够将大部分非故障的不同区域过滤掉，从而过滤出疑似故障区域，设备自动报警框如图2-18所示。

图2-18　TEDS设备自动报警框

第三节　TEDS设备关键技术

一、图像识别融合技术

动车组走行部结构复杂、零部件多，如果仅用人工来确认每个零部件的外观状态：一是工作量巨大，二是精准度和分析员业务素质息息相关。所以根据实际需求，将目前广泛应用于通信、军事、航天、生物医学等领域的图像识别、图像处理技术运用到高速运行的动车组上，充分发挥 TEDS 设备的功能。TEDS 系统的图像识别技术，是对关键部位进行分级报警提示，辅助分析人员提高动态检查效率。TEDS 系统上既有的线阵图像采集模块采集到的动车组图片并不能反映部件的深度信息，对关键部件的故障识别准确率低。为了进一步提高自动识别故障的准确率，TEDS 在原有线阵图像采集模块的基础上增加了 3D 成像模块，也就是 TEDS-3D，利用 3D 图像信息辅助自动识别、对比分析，可提高自动识别故障的准确率。

二、抗阳光干扰技术

TEDS 相机在应用过程中，因为阳光的强弱，很容易受到干扰，影响成像质量，不同类型相机的感光性能如图 2-19 所示。线阵相机可通过采用高强度红外激光光源配合窄带滤光片的使用，消除外界阳光对 TEDS 设备拍摄图片质量的影响。主要通过两种手段：一是定制滤光片，UV 镜可以滤除红外线、紫外线等杂光的干扰；二是编写评价算法，自评价阳光的强弱，从而通过软件动态调节采集参数，如曝光参数、曝光时间等。

相机参数	彩色相机	面阵相机	线阵相机
感光光谱	红、绿、蓝	单色光	不可见光
滤光片	无法安装	可以安装	可以安装
补偿光源	白色面光源	LED面光源	激光光源
能量利用率	低	低	高
抗阳光性能	差	中	优

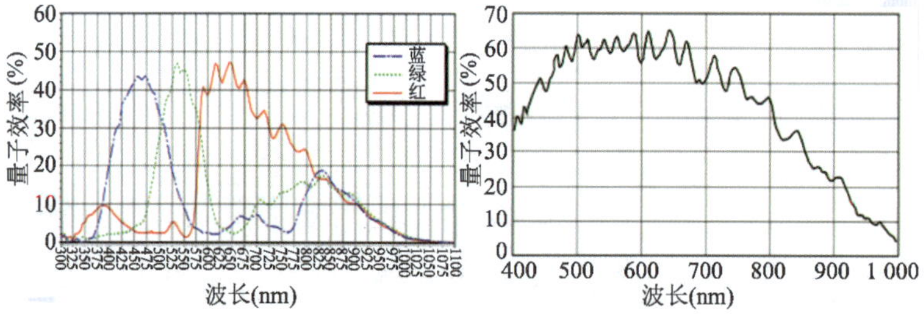

图 2-19　不同类型相机的感光性能比较

三、车号自动识别技术

如图 2-20 所示，TEDS 能够自动识别动车组车组号、车辆号，从而实现车辆部件与车辆号及位置的匹配关系。对车号的数字特征进行充分分析之后，采用形态学图像处理和机器学习、连通域分析、阈值分割等技术实现车号区域的快速准确定位分割，在现有的开源字符识别引擎算法中，针对 TEDS 列车信息，训练自己的字符库，有机地结合到车号识别算法中来。为了进一步提高车号识别的准确性和可靠性，对识别结果进行了后期的自动校正，再与动车组信息管理系统进行信息交互从而识别车次信息。

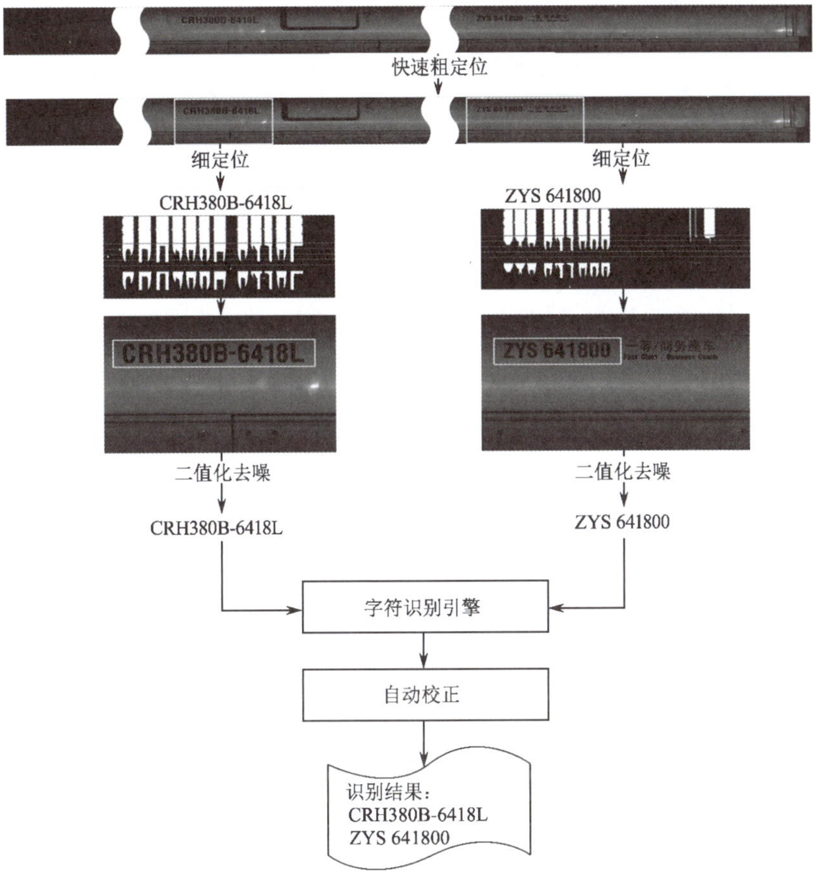

图 2-20　车号识别技术

复习思考题

1. 简述 TEDS 的组成。
2. TEDS 探测站轨边设备包括哪些？
3. 简述 TEDS 探测站车轮传感器（磁钢）的工作原理。
4. TEDS 探测站轨边机房设备包括哪些？
5. TEDS 监控中心设备包括哪些？
6. 简述 TEDS 设备工作流程。

第三章　TEDS 系统使用

第一节　TEDS 系统功能简介及运行环境

一、系统功能简介

动车组运行故障图像检测系统(TEDS)主要是采集动车组运行过程中所经过的各TEDS 探测站的监控图像数据,对监控数据集中显示、预警并进行人工故障筛查、上报及统计分析的综合联网应用系统。主要功能包括预警分析监控、报警信息上报、监控管理、人员管理、统计信息查询及分析等。

动车组运行故障图像检测系统(TEDS)主要用户为分析员及作业组长。

二、系统运行环境

(1)系统 Windows 32 位专业版以上、Google Chrome 22 或 IE 11 以上、Adobe flash player 10.1 以上。

(2)硬件环境:

①CPU:Intel Pentium 4,主频≥3.2 GHz。

②内存:≥1 GB RAM。

③光驱:8 X 或更快。

④硬盘:≥80 G。

⑤显卡:高性能专业图像处理独立显卡,2 G。

⑥声卡:Direct X 9.0c 完全兼容。

⑦显示器:22 英寸液晶显示器,分辨率满足 1 920×1 080。

第二节　分析员操作说明

一、登　　录

(1)打开浏览器,建议使用 Google Chrome,在地址栏内输入服务器地址,进入登录界面，如图 3-1 所示，界面左上方提示当前班次与当前时间的信息。本次登录必须是当前班次的分析人员，否则系统会提示“正在执行的作业不是您的班次”，将无法登录。若登录时提示“此账户正在使用，不能重复登录”，请 20 s 后登录。

注意事项：必须当班工长先行接班后，当班分析员才能接班作业。

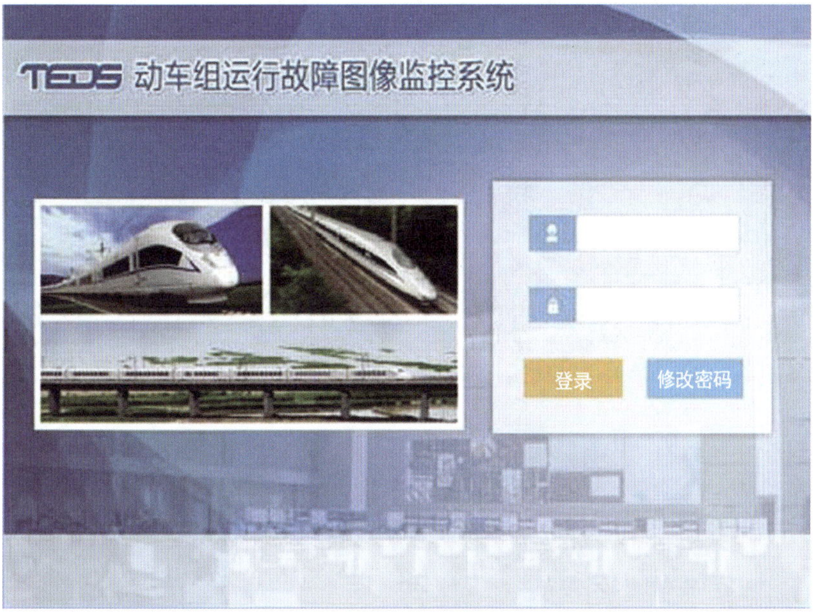

图 3-1　登录界面

（2）输入用户名和口令，点击【登录】。系统自动识别用户身份（分析员、作业组长）。若是分析员当天第一次登录或多次登录但未确认接班，出现分析员接班界面，如图 3-2 所示。对本班工长下发的交班日志进行确认，点击【确认】，完成报警分析作业人员接班，分析员进入分析员作业界面，如图 3-3 所示。若分析员不是第一次登录，在登录界面，单击【修改密码】，弹出修改密码窗口，则直接进入图 3-4 所示的界面。用户输入用户名、原始密码、新密码、确认新密码，单击【确定】修改密码，系统提示“密码修改成功！”。

分析员接班

交班班次：	第二班组	交班组长：	王×
作业开始时间：	2014-03-21 09:19:00	作业结束时间：	2014-03-21 09:34:02
交班日志：			
确认　取消			

图 3-2　分析员接班界面

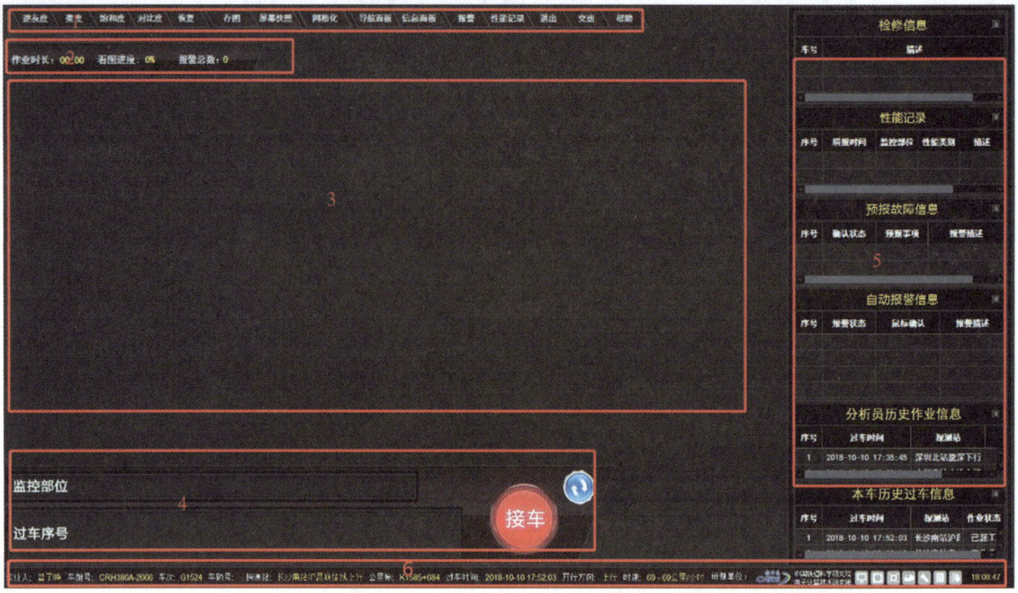

图 3-3　分析员作业界面

图 3-4　修改密码界面

二、分析员作业

1. 分析员作业界面简介

注意：若分析员界面显示不完整，需要鼠标先单击左键选中浏览器地址栏，然后按F11键进入全屏状态。

分析员利用预警分析监控作业平台主要实现以下功能：(1)查看当时过车图像；(2)复核自动预警信息；(3)人工手动预警；(4)上报预警信息给组长。

分析员作业界面如图3-3所示。

(1)区域1为工具栏，【逆灰度】、【亮度】、【饱和度】、【对比度】、【恢复】按钮调节当前图片显示效果(其中【恢复】按钮可恢复原始图片显示效果)；【存图】、【屏幕快照】按钮可保存当前过车图片和作业屏幕图片；【网格化】按钮可在图像区域内显示网格，帮助分析员更快捷完整的看图；【导航面板】、【信息面板】按钮分别控制区域5和区域4两个面板的显示和隐藏；点击【报警】按钮可实现报警信息填报；【退出】按钮实现不交班的情况下临时退出系统；【交班】按钮实现分析员交班功能；【帮助】按钮可显示帮助界面。

(2)区域2显示作业时长信息、看图进度信息和列车自动报警总数，作业时长信息提示分析员作业时间不得超过规定时间。

(3)区域3为图像显示区，当接车后图像会显示在该区，分析员对图像进行查看，一旦发现故障可点击区域1的【报警】按钮选定报警部位进行预报。

(4)区域4为导航面板，点击闪烁的【接车】按钮可以接车，接车后选择相应车辆和监控部位的图片进行查看。刷新按钮可刷新当前界面。

(5)区域5为信息面板，预报故障信息列表能够显示分析员人工手动预报故障的序号、确认状态、故障类别和报警描述信息；自动报警信息显示区能够显示系统自动报警故障的序号、确认状态和报警描述信息；分析员历史作业信息列表显示该分析员本次当班期间完成的所有作业信息；本车历史过车信息列表显示当前车组曾经的过车记录。

(6)区域6为作业状态栏，显示作业人、车组号、车辆号、探测站、公里标、过车时间、开行方向、时速、研制单位、功能菜单，右下角显示系统时间。功能菜单中，单击(快捷键V)，可显示或隐藏导航面板；单击(快捷键T)，可显示或隐藏工具栏；单击(快捷键C)，可显示或隐藏信息面板；单击这三个按钮，可调整屏幕的显示大小和界面适应性。

(7)【屏幕快照】：将作业平台界面截图保存到本地。

(8)【存图】：将当前过车图片截图并保持到本地。

2. 接车

(1)分析员请求到服务器派工信息后，分析员作业界面(图3-3)【接车】按钮进行灯光闪烁和声音报警，提示分析员进行接车。如果在组长设定的派工拒绝时间内，分析员未点击【接车】按钮，服务器收回派车请求，并记录该分析员拒绝接车一次。

(2)点击【接车】(或按快捷键E)，系统接收到拍摄图像。作业组长在作业管理—作业质量监控界面可实时查看分析人员的作业状态为“作业”。

(3)单击【过车序号】行的相应车辆选择监控辆序,选中辆序显示黄色,已查看的车辆序号显示蓝色,未查看的车辆序号显示浅灰色,未派工车辆序号显示深灰色,除用鼠标点击选择外,可用快捷键 B 和快捷键 N 向前或向后切换车辆序号。每个过车序号右上方红色框内可显示本辆车共有多少个自动报警信息。

(4)单击【监控部位】行的相应按钮选择监控部位,选中部位显示黄色,已查看的部位显示蓝色,未查看的部位显示浅灰色,如图 3-5 所示。可用快捷键 Y(上一监控部位)和快捷键 H(下一监控部位)来切换不同监控部位的图片。

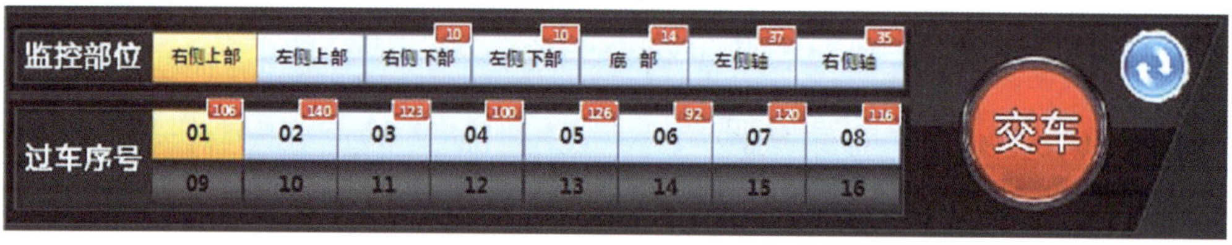

图 3-5　监控动车组车辆辆序和部位

(5)所选监控部位图片看完后可直接单击图片两侧的【切换上一辆同一部位】(或【切换下一辆同一部位】)切换至上(下)一辆同一监控部位的图片,便于分析员一次性把同一监控部的图片全部看完。

注意事项:如果该分析员存在由于异常情况导致上次作业中断,服务器优先将上次中断的作业分配给该分析员。

3. 图像分析

分析员接车后,依次选择所有辆序和所有监控部位。

根据 TEDS 运用管理办法作业要求进行看图分析作业,通过拖动鼠标或滚动鼠标滚轮,左右或上下移动图片;或通过快捷键 A(上翻页)和快捷键 D(下翻页)进行查看;也可以按快捷键 G 将图片放大 2 倍进行查看;必要时,双击图片可查看原图。

鼠标轨迹:分析员接车后,鼠标移动过的地方会留下痕迹,如图 3-6 所示,在复示图片的时候可以看出鼠标经过的地方。

4. 人工预报作业过程

若人工发现故障,则进行人工预报。

(1)点击工具栏中的【报警】(或按快捷键 S),拖动鼠标截取图片,弹出故障信息填报窗口,如图 3-7 所示。

(2)单击【标注】(或按快捷键 Q),拖动鼠标用红色方框标示出相应部位,在红框左上方系统自动标有标注顺序。若标注有误可以单击【撤销】(或按快捷键 W)撤销上次标注。在点击标注后弹出的区域 2(图 3-7)的窗口内选择部件,或者直接在【部件分类】中选择部件，必要时填写故障描述。

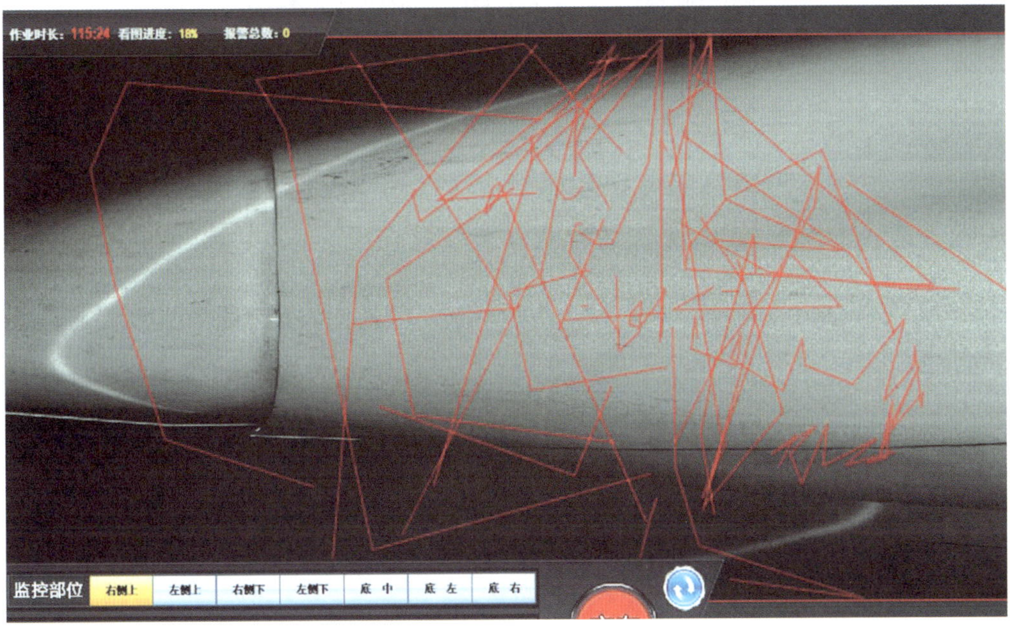

图 3-6　复示图片

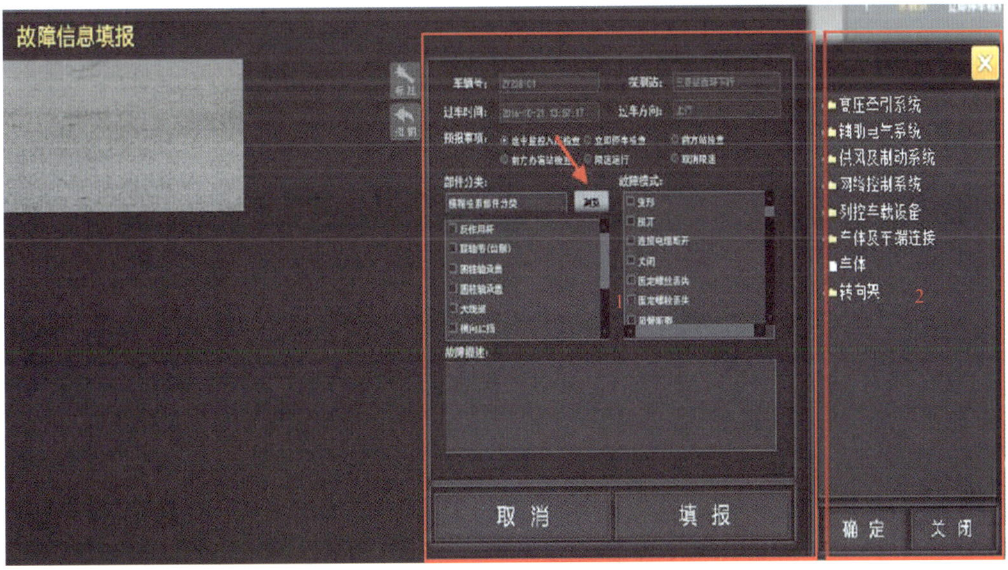

图 3-7　故障信息填报

(3)在故障填报区域 1(图 3-7)选择【部件分类】，然后单击【填报】。此时，填报的故障信息会显示在图 3-3 区域 3 的预报故障信息显示区域，双击相应行信息，如图 3-8 所示，可弹出对应预报故障信息的修改窗口。同时，作业组长可在综合查询—预报故障查询和作业管理—预报故障确认窗口中查看故障信息并进行确认。

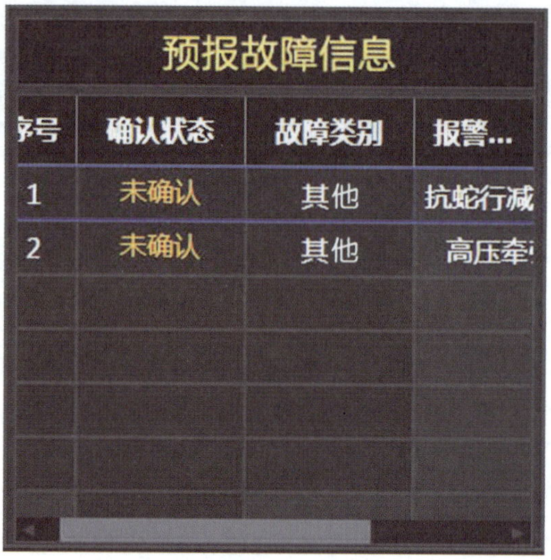

图 3-8　预报故障信息显示

5. 自动报警作业过程

若选择某个辆序和监控部位后，在自动报警信息栏内有黄色自动报警记录，如图 3-9 所示。除了鼠标选择查看，也可以用快捷键 Z(上一个报警信息)和快捷键 X(下一个报警信息)选择查看。

图 3-9　自动报警信息

(1)单击相应行,图像显示区显示蓝色框标示的具体故障部位。双击标示框,可与历史对比图进行对比分析。自动报警信息用黄框标示。组长在派工策略内设定标示框显示方式有两种:点显(点击该自动报警信息则显示绿框,否则不显示,适合于自动报警信息过多影响看图时)和全部(加载图片时,所有黄色标示框全部显示)两种方式。必要时,为减少标示框对图像分析的影响,可用快捷键 F 隐藏报警热区即标示框,一旦隐藏,将不会再显示。

(2)分析员经过仔细查看确认,若确认该自动报警信息为误报,则不作处理,统一默认确认状态为误报,记录和故障部位标示框都变为绿色;若为故障,则点击【报警】(或按快捷键 S)进行预报(与人工预报过程相同),则确认状态为报警,记录和故障部位标示框都变成红色。

6. 交车

分析员看图分析作业结束,确认无误后,完成该车作业后交车。完成作业。

(1)单击图 3-3 分析员作业界面中红色【交车】按钮,弹出提示窗口,如图 3-10 所示。

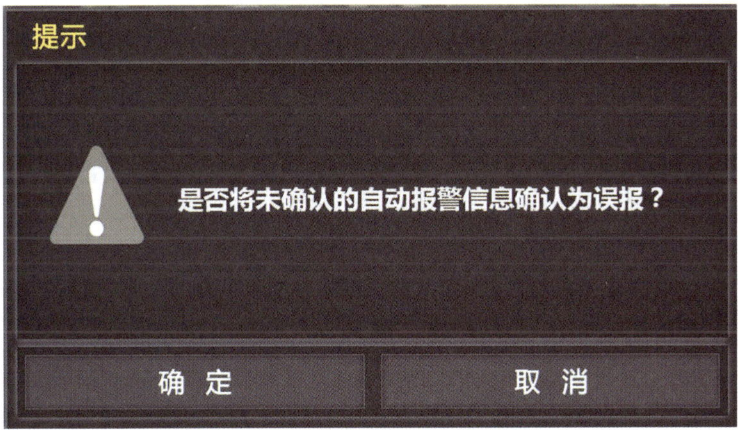

图 3-10 交车提示

(2)确认无误后点击【确定】,交车成功。在图 3-3 分析员作业界面中区域 5 的已完成信息显示区显示该分析员的已完成作业信息,如图 3-11 所示。服务器记录该分析员作业结束时间,预报故障数量等信息。【交车】按钮置灰,等待服务器再次派工。作业组长在作业管理—作业质量监控界面可实时查看分析人员的作业状态为“空闲”。

(3)如果分析员作业中途需要休息,分析员交车后,点击分析员作业界面中区域 1 的【退出】,弹出退出系统提示框,如图 3-12 所示。点击【确定】,退出系统。作业组长在作业管理—作业质量监控界面可实时查看分析人员的作业状态为“退出”。服务器将不再向该退出作业的分析员进行派工。

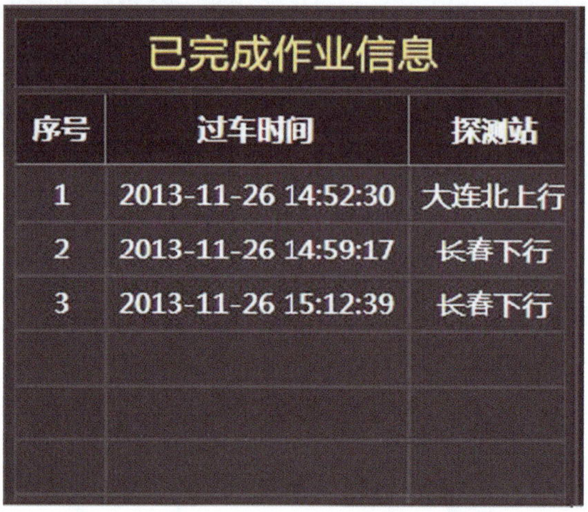

图 3-11　交车后显示已完成作业信息

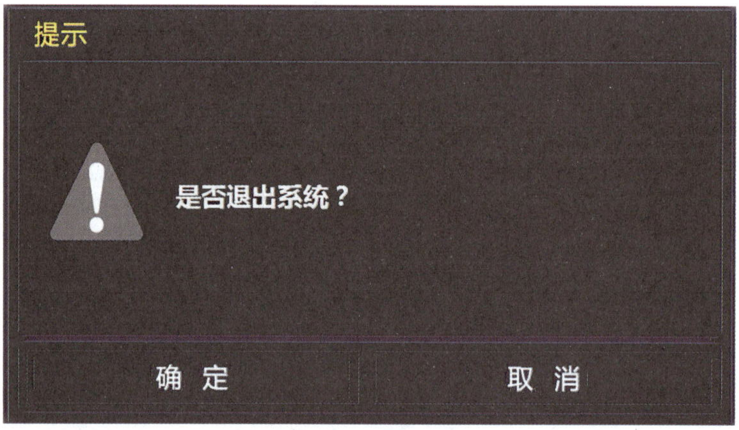

图 3-12　退出系统提示

7. 交班

如果交车后到交班时间，则进行交班，并提交交班日志。

(1)单击分析员作业界面中【交班】，弹出分析员交班窗口，如图 3-13 所示。

(2)单击【交班】，弹出交班成功提示窗口，如图 3-14 所示。单击【确定】，退出系统。若是原来分析员再次登录，系统会提示“您的作业已提交，不能继续登录”。

8. 帮助功能

帮助界面主要说明本系统主要操作使用说明和所有快捷键的使用，便于用户使用。

点击分析员作业界面中区域 1 的【帮助】，弹出帮助文档界面，如图 3-15 和图 3-16 所示。操作过程中可以随时查看操作说明和快捷键的使用，方便快捷。双击帮助界面任意位置，即可退出该界面。

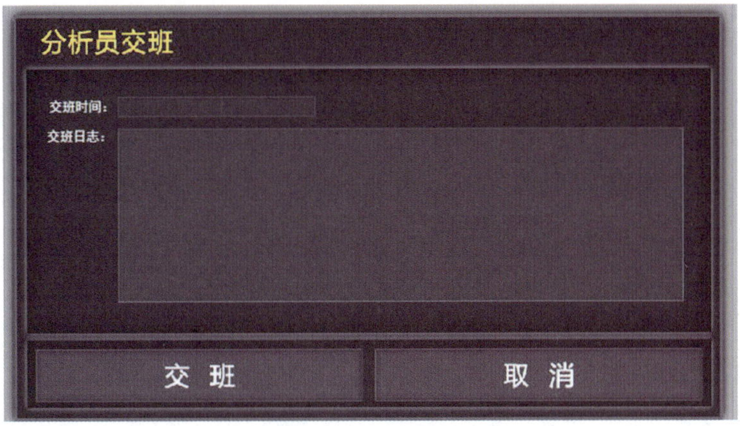

图 3-13 分析员交班

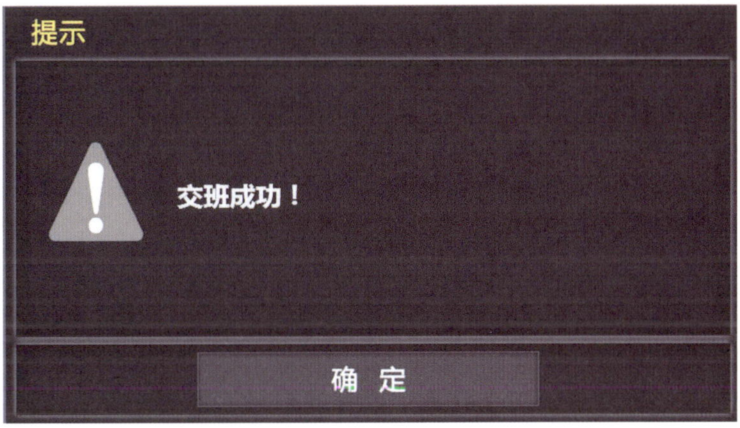

图 3-14 交班成功提示

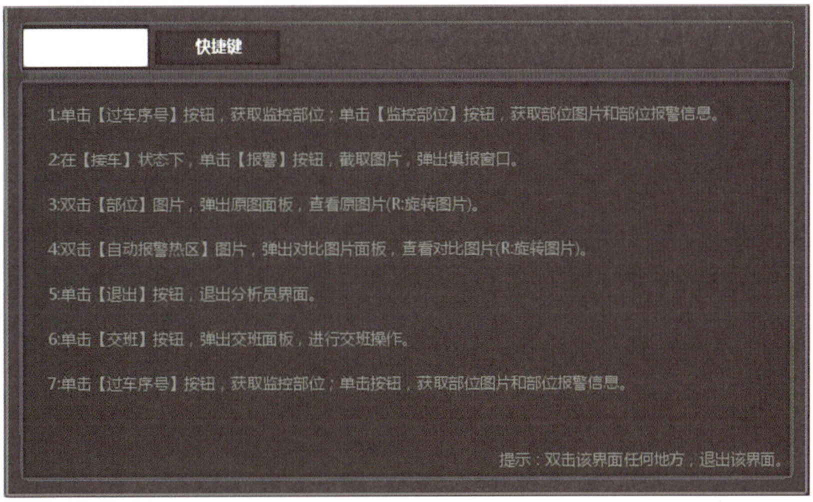

图 3-15 帮助文档界面—使用说明

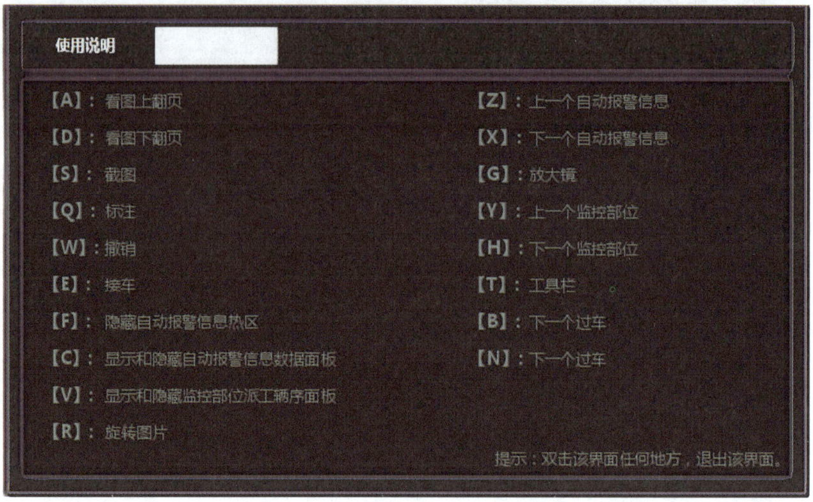

图 3-16　帮助文档界面—快捷键

第三节　管理人员操作说明

一、登　　录

作业组长登录过程同图 3-1，当前班次的组长输入用户名和口令后，若是组长当天首次登录，则首先需要接班，如图 3-17 所示。接班后进入系统主界面，如图 3-18 所示。

图 3-17　组长接班

(1)图 3-18 区域 1 为导航菜单区，有综合查询、作业管理、派工管理、统计报表、系统字典、系统监控、教育培训和系统管理 8 个模块，把鼠标放在菜单模块上可在下方显示本功能包括的子菜单。

(2)图 3-18 区域 2 为主功能区，显示各级功能窗口。

(3)单击页面右上方【退出】进行退出，重新进入登录界面；单击【全屏】进入全屏模式。

图 3-18 作业组长操作系统主界面

系统中的列表具有统一样式，根据用途不同在这个统一样式基础上增加或删除了部分按钮，为了说明列表中各按钮功能，我们以图 3-19 为例说明：图 3-19 的箭头 1 指向的是全选按钮，单击后所有的列表行都被打钩选中或撤销选中；箭头 2 指向的是行的序号；箭头 3 指向的是行的单选框，单击后打钩选中该行；箭头 4 指向的是列表每页显示的行数，用户可以在此单击下拉框选择每页要显示的行数；箭头 5 指向的是返回首页的按钮；箭头 6 指向的是返回前一页的按钮；箭头 7 指向的是当前页码，用户可在此输入需要跳转到的页码后，按下回车键进行跳转；箭头 8 指向的是跳转后一页的按钮；箭头 9 指向的是跳转到尾页的按钮；箭头 10 指向的是刷新按钮。

二、综合查询

综合查询主要提供预报故障查询、过车信息查询、担当所故障确认。通过预报故障查询可以通过组合条件对 TEDS 系统的报警详细信息进行查询，通过过车信息查询可以对通过 TEDS 探测站的过车详细信息进行查询。

鼠标箭头放在【综合查询】上，显示综合查询的子菜单，如图 3-20 所示，子菜单有预报故障查询和过车信息查询等。

1. 预报故障查询

功能：能够通过组合查询条件进行报警信息查询，方便组长查询分析员预报的故障详细信息和组长对故障的确认状态，以方便组长及时发现故障信息并作处置。

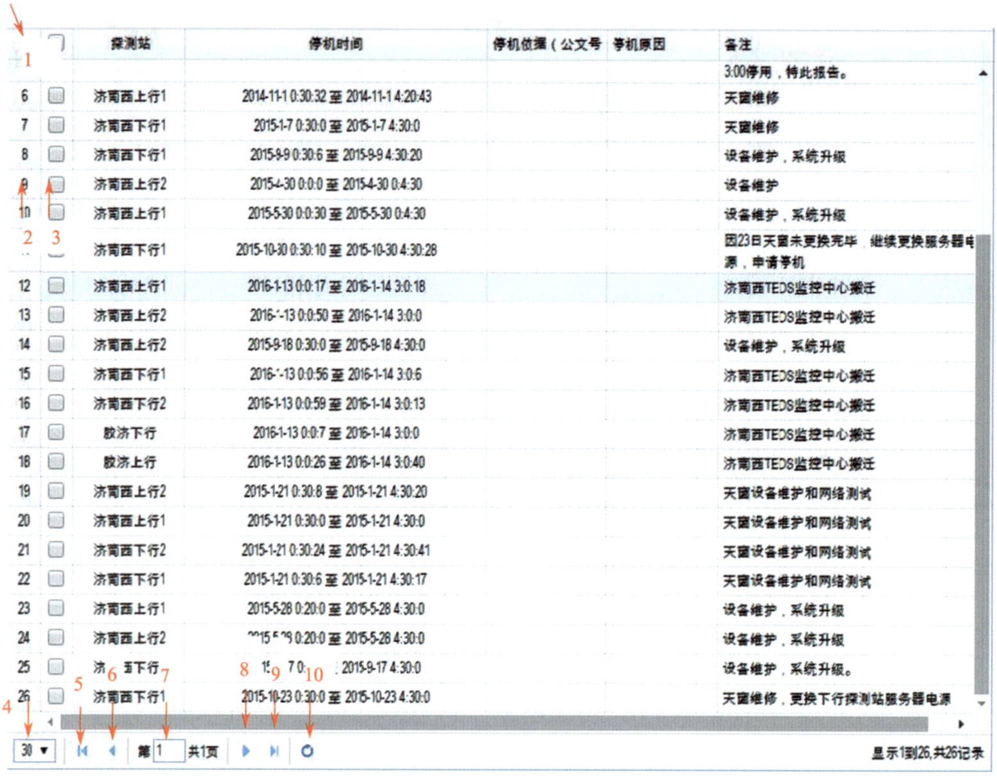

图 3-19　完整列表样式

操作：单击图 3-20 中的【预报故障查询】，主功能区弹出查询窗口，如图 3-21 所示。

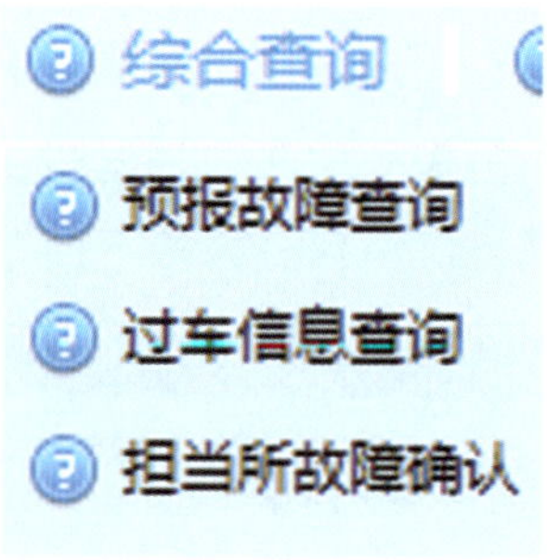

图 3-20　综合查询子菜单

(1)在图 3-21 区域 1 中选择车组号、过车日期(默认当天)，可选择当天、一周内、一月内、任选(默认为空)，可查询组合条件下的全部时间的预报故障信息。

(2)在图 3-21 区域 2 中显示查询到的预报故障信息，包括预报时间、探测站、公里标、车组号、车辆号、预报事项、分析员、确认状态、确认人、确认时间、处理状态、复核单位名称、复核单位类型、复核所调度员姓名、调度员接收时间、调度员接收状态、调度指派检修班名、复核班名称、复核时间、复核处理情况、故障名称、复核所质检员姓名、复核质检员签字、复核所检修班长姓名、复核所检修工作签字、置为超期状态的时间、担当所接收时间、担当所名称、担当所确认调度名称、担当所确认时间、担当所确认状态和典型故障库。区域 4 显示“共几页，当前第几页”信息，并可点击箭头前后翻页或翻到第一页和最后一页。点击区域 4 右侧的刷新按钮，可刷新查询信息。区域 2 右下角显示当前记录位置以及共有记录数。

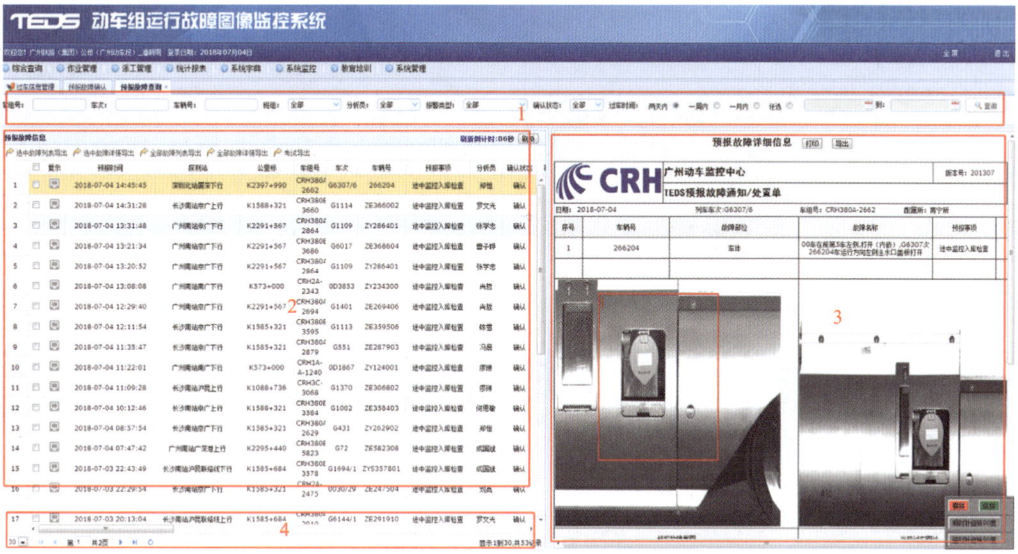

图 3-21 预报故障查询

(3)在图 3-21 点击区域 2 中的【选中故障列表导出】,将选中的数据在区域 2 显示的内容导出到 Excel,点击【全部故障列表导出】,将全部数据导出到 Excel 中;点击【选中故障详情导出】,将选中数据的预报故障详细信息导出到 Excel,点击【全部故障详情】,将区域 2 内的全部数据的详细信息导出到 Excel。

(4)单击图 3-21 区域 2 中的某一条记录,区域 3 显示该报警详细信息及图片,可以对历史对比图片进行横拼、纵拼,并可以顺时针或逆时针旋转,以便组长确认故障。图 3-22 为历史对比图片纵拼效果。

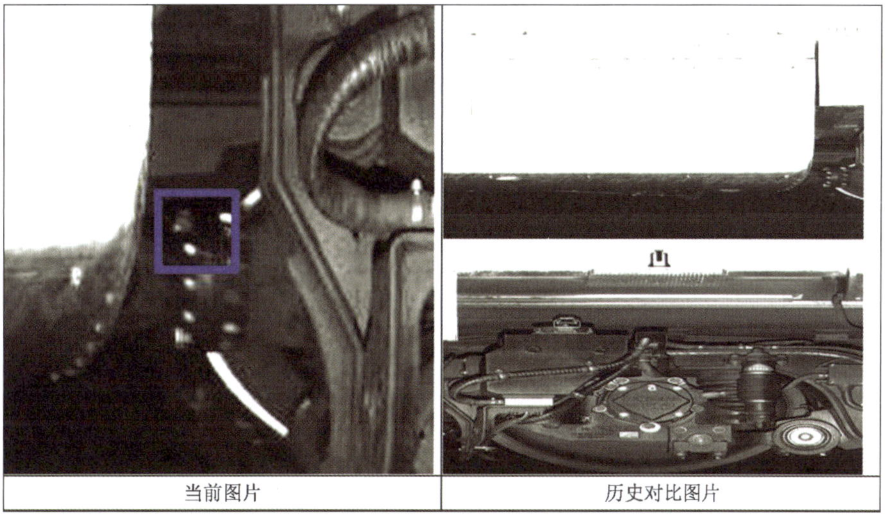

图 3-22 历史对比图片纵拼效果

(5)单击【导出】,可直接导出故障详细信息的 Excel 报表;单击【打印】,可打印该故障详细信息。

2. 过车信息查询

功能:过车信息查询主要实现组合条件下对通过探测站的列车信息、作业状态和图片信息的查询。过车信息是通过探测站过车列车报文获取。

操作:单击图 3-20 中【过车信息查询】,在主功能区弹出过车信息查询窗口,如图 3-23 所示。

图 3-23 过车信息查询

(1)在图 3-23 区域 1 中选择过车时间、探测站(默认全部)、车组号、车次、作业状态、作业模式等信息,点击查询可查询该条件下的信息。

(2)在图 3-23 区域 2 中显示过车信息,包括复示、过车时间、探测站、公里标、过站顺序、作业状态、车组号、是否重点过车、是否过车甩站、车型、配属局、配属所、运行方向、总辆数、平均车速、最高车速、最低车速信息。其中,重点过车是组长根据上级下发的重点列车名单或根据实际情况设置的需要重点查看的列车,若状态是“重点”,则系统会优先派工,并在图片周围标有红线提醒分析员重点查看;过车甩站是当同一列车先后经过两个距离较近的探测站,运行状态一般不会有大的变化,无需在第二个探测站查看,则组长可设定为“甩车”,系统对其在本探测站的数据不进行派工;作业状态有未派工、派工中、作业中、已作业、检验中、报文异常和超期积压。

(3)双击任一行的【复示】,弹出分析员操作窗口,可以查看整列车的图片。双击任一行的【车型】或【配属局】或【配属所】,弹出过车列车配属信息窗口,如图 3-24 所示。

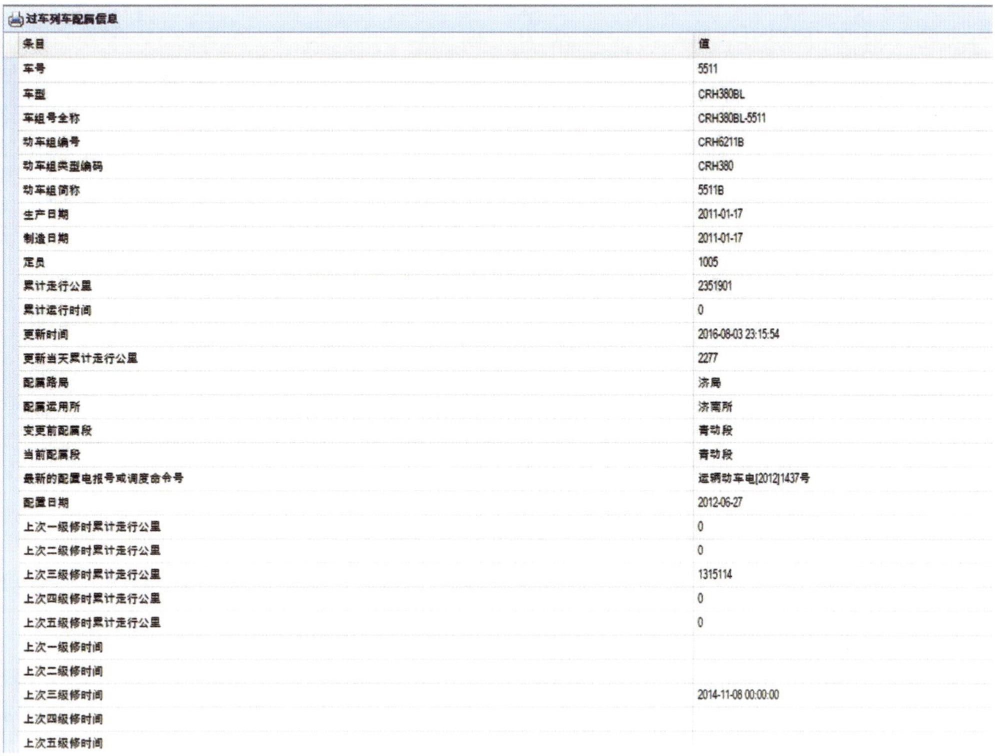

过车列车配属信息

条目	值
车号	5511
车型	CRH380BL
车组号全称	CRH380BL-5511
动车组编号	CRH6211B
动车组类型编码	CRH380
动车组简称	5511B
生产日期	2011-01-17
制造日期	2011-01-17
定员	1005
累计走行公里	2351901
累计运行时间	0
更新时间	2016-08-03 23:15:54
更新当天累计走行公里	2277
配属路局	济局
配属运用所	济南所
变更前配属段	青动段
当前配属段	青动段
最新的配置电报号或调度命令号	运辆动车电[2012]1437号
配置日期	2012-06-27
上次一级修时累计走行公里	0
上次二级修时累计走行公里	0
上次三级修时累计走行公里	1315114
上次四级修时累计走行公里	0
上次五级修时累计走行公里	0
上次一级修时间	
上次二级修时间	
上次三级修时间	2014-11-08 00:00:00
上次四级修时间	
上次五级修时间	

图 3-24　过车列车配属信息

单击图 3-23 区域 2 中任一条记录，在其区域 3 显示该条记录的过车车辆信息，包括车辆号、过车序号、作业状态、作业开始时间、作业结束时间。

单击图 3-23 区域 3 中任一条记录，在区域 4 显示该条记录的监控部位信息，包括监控部位、作业状态、分析员、作业开始时间、作业结束时间。

3. 担当所故障查询

功能：查询所有故障所属担当所为本所的故障列表，故障包括本局监控平台和其他局监控平台提交的故障。

操作：单击图 3-20 中【担当所故障查询】，在主功能区弹出担当所故障查询窗口。

三、作业管理

作业管理可实现关键流程的作业、监控和管理。把鼠标箭头放在【作业管理】上，显示作业管理子菜单，如图 3-25 所示。作业管理有预报故障确认、过车信息管理、作业质量监控、交接班管理、计划停机管理、作业班组管理、部件分类管理共七项。

1. 预报故障确认

功能：通过预报故障确认，能迅速对人工报警详细信息和确认状态进行查询，并可以打印故障详细信息报表,同时作业组长可以迅速确认故障。通过过车上报窗口可以查询经过探测站的车列信息,并向铁路总公司级、路局级整车上报故障信息。

操作:单击图 3-25 中的【预报故障确认】,主功能区即能弹出预报故障确认窗口。

2. 过车信息管理

功能:过车信息管理主要实现组合条件下对通过探测站的列车信息、作业状态和图片信息进行查询,对个别不准确信息进行手动修改。过车信息是通过探测站过车列车报文获取。

操作:单击图 3-25 中【过车信息管理】,在主功能区弹出过车信息管理窗口,如图 3-26 所示。

图 3-25　作业管理子菜单

(1)在图 3-26 区域 1 中选择查询日期、探测站(默认全部)、车组号、作业状态、作业模式,查询所选日期的过车信息,勾选【查询全部时间】,可查询组合条件下的全部时间的过车信息。

图 3-26　过车信息管理

(2)在图 3-26 区域 2 中显示当日探测站过车信息,包括探测站、上次过车、距当前时间、当日丢车。

(3)在图 3-26 区域 3 中显示过车列车信息,包括复示、过车时间、探测站、公里标、过站顺序、作业状态、车组号、是否重点、是否甩站、车型、配属局、配属所、运行方向、总辆数、平均车速、最高车速、最低车速信息。

双击任一行的【复示】,弹出分析员操作窗口,可以查看整列车的图片。双击任一行的【车型】，弹出修改车次窗口，如图 3-27 所示。双击任一行的【配属局】或【配属所】，弹出修改过车配属信息窗口，如图 3-28 所示，可修改该车的配属局和配属所。双击任一行的【车组号】，弹出修改车组号窗口，如图 3-29 所示，可修改识别不准确的车组号和 00 车方向。对于未派工的过车，可根据具体情况设置是否为重点车或过车甩站（**注意**：同一列车，不能同时设为重点车和过车甩站）。

图 3-27　修改车次

图 3 28　修改过车配属信息

图 3-29　修改车组号

单击图 3-26 区域 2 左下方下拉菜单,可选择每页显示记录数,可选择 10、15、20 条,并显示“共几页,当前第几页”信息。可点击箭头上下翻页或翻到第一页和最后一页,右下方标示当前页显示哪几条记录和共有记录数。

(4)单击图 3-26 区域 2 中任一条记录,在其区域 3 显示该条记录的过车车辆信息,包括车辆号、过车序号、作业状态、作业开始时间、作业结束时间,点击区域 2 内的导出按钮,即可导出该数据的详细信息,点击【导出】,可导出区域 2 内的全部列车信息。

(5)单击图 3-26 区域 3 中任一条记录,在其区域 4 显示该条记录的监控部位信息,包括监控部位、作业状态、分析员、作业开始时间、作业结束时间。

3. 作业质量监控

功能:作业组长可实时监控本组在岗分析员的作业状态、工作量和当班拒绝次数等内容,并适时指导,以保证作业质量。

操作:单击图 3-25 中【作业质量监控】,在主功能区弹出作业质量监控窗口,如图 3-30 所示。

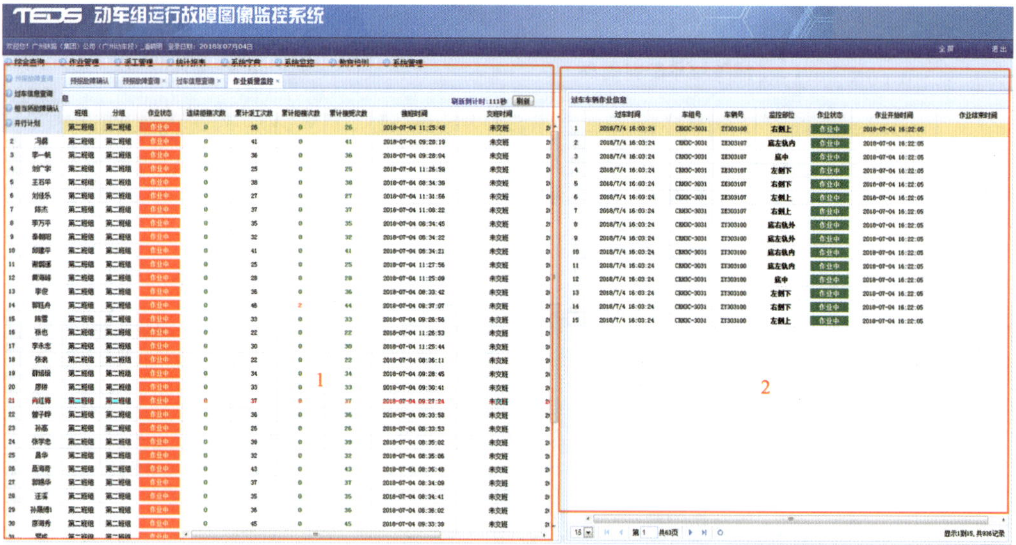

图 3-30　作业质量监控

(1)在图 3-30 区域 1 中显示当天本班次的分析员的作业状态信息,包括序号、分析员、班组、分组、作业状态、连续拒接次数、累计派工次数、累计拒接次数、累计接受次数信息。组长重点监控的作业状态突出彩色显示。作业状态有“作业”(红色显示)、“退出”(蓝色显示)、“空闲”(绿色显示)三种状态。

(2)单击图 3-30 区域 1 中任一分析员记录行,区域 2 显示该分析员作业情况,包括过车时间、过车序号、车组号、车辆号、监控部位、作业状态、作业开始时间和作业结束时间信息。

4. 交接班管理

功能:两个班组更替时,为明确责任和任务,当班组长对交班分析作业人员的日志进行汇总和确认后,填写相应交班信息,进行交班,退出系统。

操作:单击图 3-25 中【交接班管理】,在主功能区弹出交接班管理窗口,如图 3-31 所示。

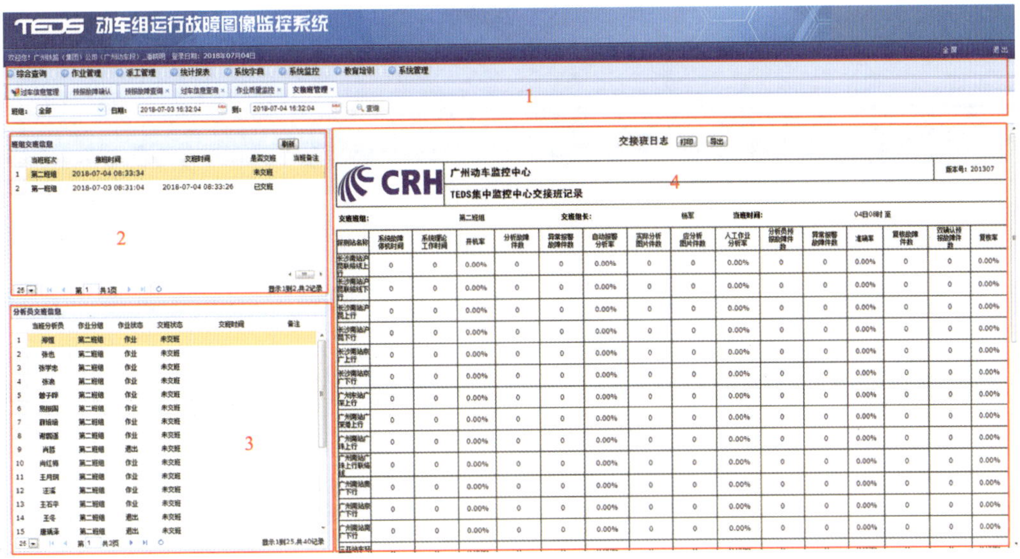

图 3-31 交接班管理

(1)图 3-31 区域 1 为作业组长交班单,包括交班班组、交班组长、当班时间等信息。表格内显示当班时间内,系统故障停机时间、系统理论工作时间、开机率、分析故障件数、一级报警故障件数、分析率、分析员预报故障件数、一级报警故障件数、准确率、复核故障件数、确认预报故障件数、复核率等信息。作业组长在填写未复核故障信息、系统运行情况和交接班注意事项栏内容后,在本班组所有分析员全部交班的情况下,才能勾选【交班确认】,点击【确认】,系统提示"提交成功",交班完成。否则会提示"当前还有分析员未提交作业,请通知其交班"。若不是本班组的作业,系统提示"当前不是您的作业,所以您不能提交"。

(2)图 3-31 区域 2 显示本班组组员交班情况,包括序号、接班人、作业开始时间、作业结束时间、作业分组、交班人和日志等信息。

注意事项:

(1)必须本班组分析员全部交班后,工长才能交班。

(2)单击图 3-31 区域 3 的交班日志,可以切换至组长交班日志查询窗口,可以选择要查询的班组和日期,单击【查询】,既可以显示组长班次信息以及本班组的分析员交班情况、所选班组在所选日期当班的日志记录,也可导出 Excel 报表或打印。

5. 计划停机管理

功能:计划停机管理可查询计划停机信息,添加计划停机内容。

操作:单击图 3-25 中【计划停机管理】,在主功能区弹出计划停机管理窗口,如图 3-32 所示。

(1)在图 3-35 区域 1 中选择停机时间后进行查询,在图 3-32 区域 2 中显示查询到的重点作业信息,包括探测站、停机时间、停机依据(公文号)、停机原因、备注。

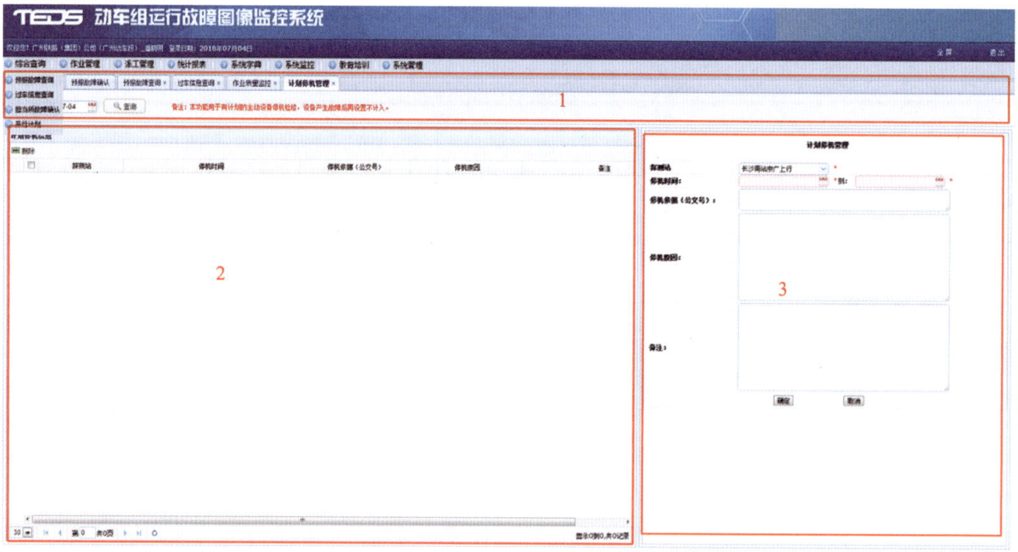

图 3-32　计划停机管理

(2)填写图 3-32 区域 3 中的探测站、停机时间、停机依据(公文号)、停机原因、备注等信息,点击【确定】,即添加计划,添加的内容显示在区域 2;点击【取消】,则清空填写的信息。

(3)勾选至少一条记录,单击图 3-32 区域 2 中的【删除】,则删除所选的一条或多条记录。

6. 作业班组管理

功能:作业班组管理主要是作业组长根据管理制度对报警故障分析作业人员进行增加、修改信息、分组或删除,并组织协调组内成员进行报警故障分析作业。

操作:单击图 3-25 中【作业班组管理】,在主功能区弹出作业班组管理窗口,如图 3-33 所示。

(1)在图 3-33 区域 1 中显示现有所有班组信息,包括班组名称、组长姓名、当班起始

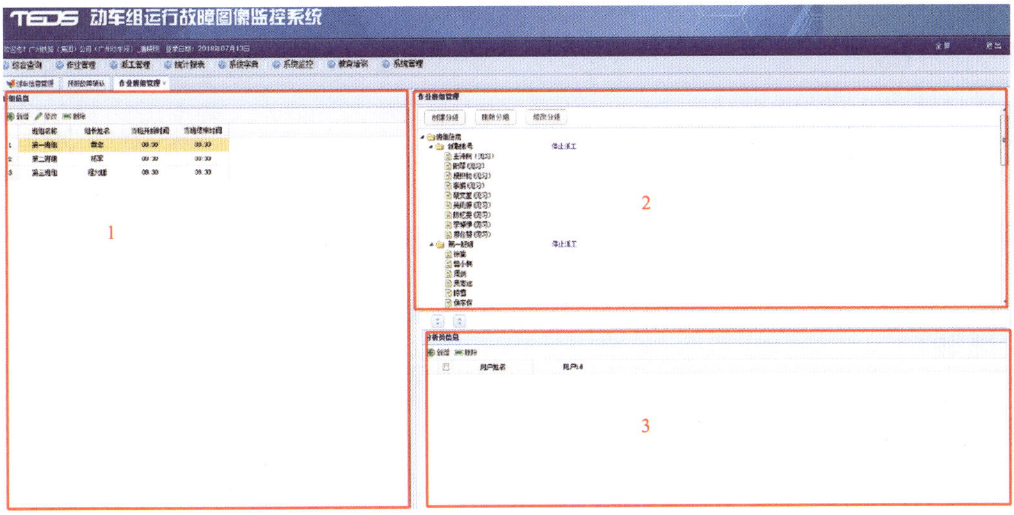

图 3-33　作业班组管理

时间、当班结束时间。单击【添加】，弹出班组添加窗口（班组名称、当班开始时间、当班结束时间不能为空），如图 3-34 所示。单击任一班组的【修改】，弹出修改班组窗口，如图 3-35 所示（注意，班次名称不能为空）。单击【删除】，可以删除本班组。

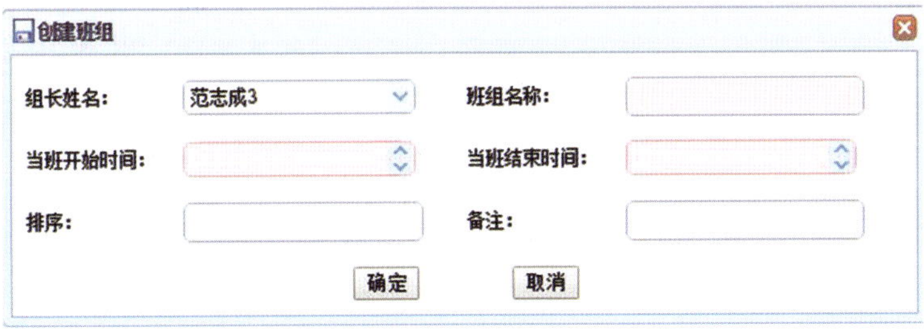

图 3-34　创建班组

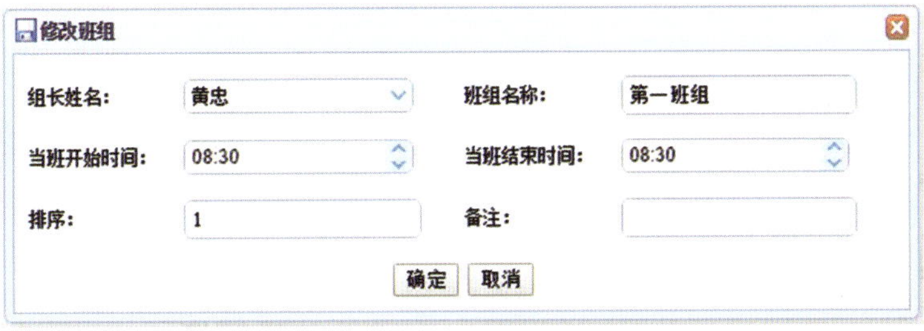

图 3-35　修改班组

（2）单击图 3-33 区域 1 中任一班组行，区域 2 显示本班组成员情况。单击区域 2 中【班组信息】后，可以点击【创建分组】，弹出创建分组窗口，如图 3-36 所示，创建本班组内新的分组,一个班组可以有多个分组。单击【第三分组】或者其他任一分组后,可以点击【删除分组】,将所选分组删除。单击【修改分组】,弹出修改分组窗口,如图 3-37 所示,可对分组信息进行修改。

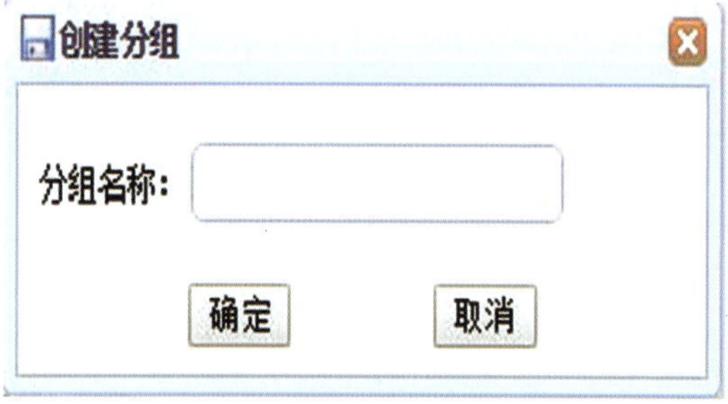

图 3-36 创建分组

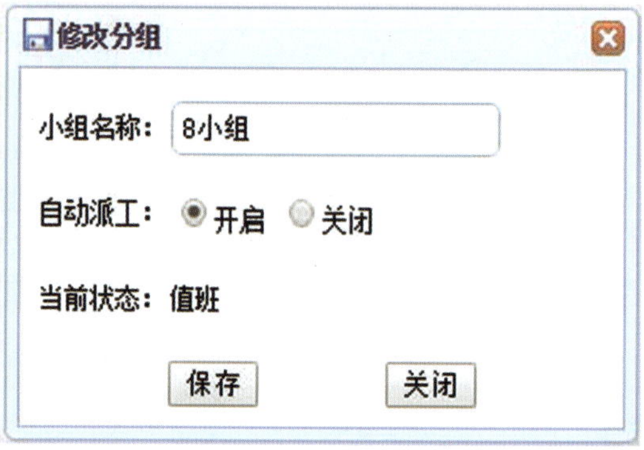

图 3-37 修改分组

(3)图 3-33 区域 3 中显示的为未分组的作业人员情况,包括用户名、角色等信息。单击【添加】,弹出添加分析员窗口,如图 3-38 所示,填写用户 ID、用户姓名、身份证号、联系方式、备注信息后,点击【确定】,添加人员完成。

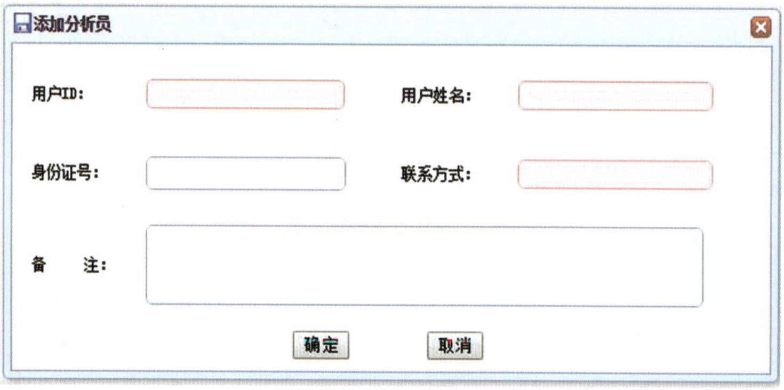

图 3-38 添加分析员

(4)单击图 3-33 区域 2 中的任一人员,单击图标,可将该人员从本班组中删除,其信息被保存在区域 3。如要为某班组某分组增加成员,则选中区域 2 内该分组名称,并勾选区域 3 内相应人员,点击图标,即可完成。

7. 部件分类管理

功能:部件分类管理通过设置隐藏或显示在预报故障信息填报页面的部件检索,可方便分析员填报故障部位。

操作:单击图 3-25 中【部件分类管理】,在主功能区弹出部件分类管理窗口,如图 3-39 所示。

（1）在图3-39区域1中可以查看故障字典的部件代码、缩写、数据值，并通过点击【隐藏】或【显示】，可控制相应部件是否在预报故障信息填报页面进行部件检索时显示。

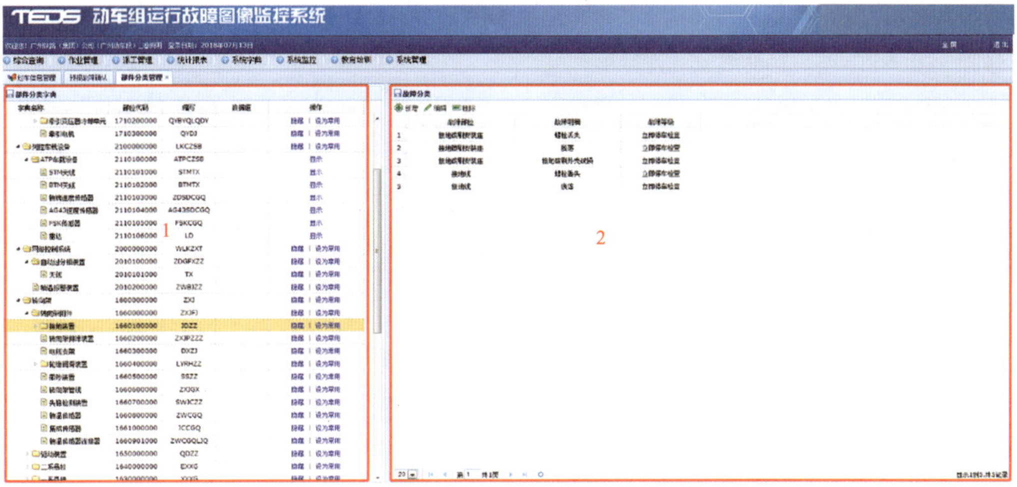

图3-39 部件分类管理

（2）单击图3-39区域1中动车组系统分类下的任一条数据或文件夹，即可在区域2中显示该类型下的故障分类，包括部件名称、故障名称、故障等级。

（3）单击图3-39区域2中的【新增】，即弹出新增故障窗口，如图3-40所示，即可进行添加操作。选择故障分类下的任意一条数据，点击【编辑】，即弹出修改窗口，如图3-41所示，进行修改操作。选择任一条数据，点击【删除】，即可删除该条数据。

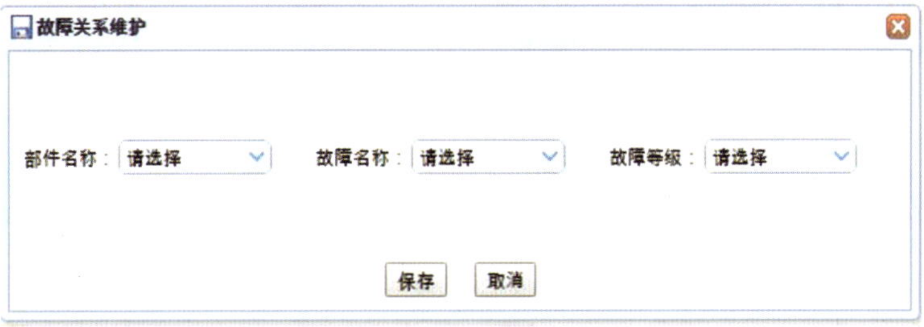

图3-40 新增故障窗口

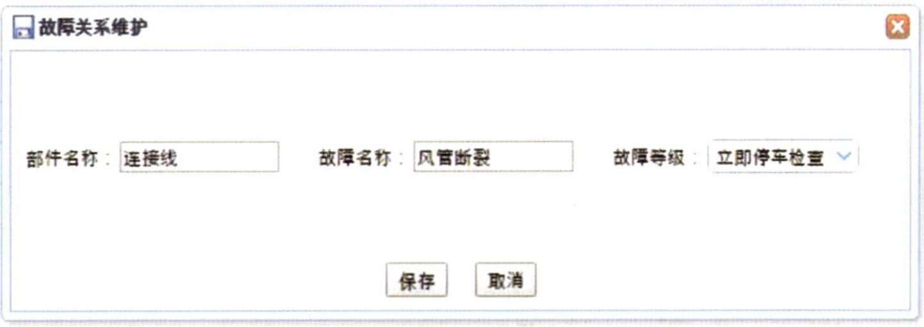

图3-41 故障修改窗口

四、派工管理

将鼠标箭头放在【派工配置】上，即可显示派工配置子菜单，如图 3-42 所示。派工管理有派工策略管理、作业模式配置两项。

1. 派工策略管理

功能：通过派工策略管理，组长可设定派工策略及派工间隔时间、向分析员派工方式、分析员作业界面设置等内容，方便组长根据不同需求、不同过车情况改变派工策略，以便分析员能够更好地完成查看过车图像的任务。

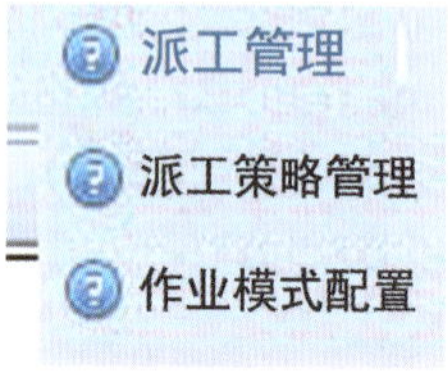

图 3-42　派工管理子菜单

操作：单击图 3-42 中的【派工策略管理】，弹出派工策略管理窗口，如图 3-43 所示，当前班组的组长或工长输入默认密码即可操作界面。

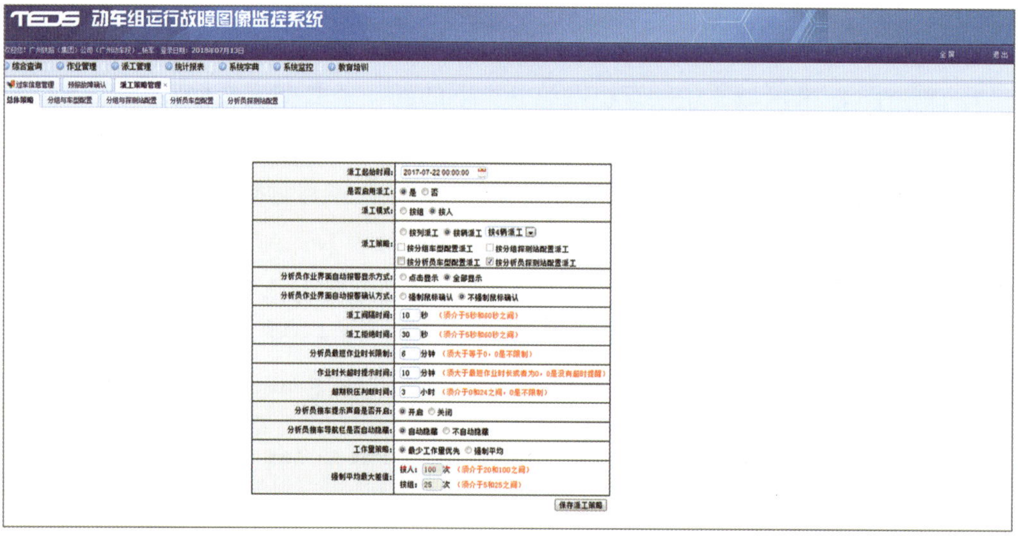

图 3-43　派工策略管理

(1)总体策略

①由于派工策略直接影响分析员作业，非常重要，因此首先输入口令才能够对本页面进行操作。

②派工起始时间：由于现场可能存在探测站处于运行状态，而监控中心未作业的状态，以致系统会留存一定量的未派工的列车。而监控中心开始作业时，系统则会按过车时间将所有未派工车辆派工。此时，组长可设定看车起始日期，早于所选日期 1 h 之前的未派工列车将设为过车甩站，不再进行派工。

③是否启用派工，选择“是”，则系统自动进行派工。

④派工模式：系统有两种模式，按组、按人派工。按组派工：短编(8 辆编组)由 1 个作业小组实施，长编(16 辆编组)由 2 个作业小组实施。按人派工：将过车的 8 辆(16 辆)分派给 8 个(16 个)分析员，每个分析员派工 1 辆。

⑤派工策略：系统有两种派工策略，包括按列、按辆派工。按列派工是指将过车的整列车一次性派给一个分析员查看分析。按辆派工可按 1 辆派、按 2 辆派、按 4 辆派、按 8 辆派。按 1 辆派是指将过车的 8 辆(16 辆)分派给 8 个(16 个)分析员，每个分析员派工 1 辆；按 2 辆派是指将过车的 8 辆(16 辆)分派给 4(8 个)分析员，每个分析员派工 2 辆；按 4 辆派是指将过车的 8 辆(16 辆)分派给 2 个(4 个)分析员，每个分析员派工 4 辆；按 8 辆派是指将过车的 8 辆(16 辆)分派给 1 个(2 个)分析员，每个分析员派工 8 辆；注意只有在派工策略这一项选定后，相应页面的设置才会生效。在派工模式中选择了按组派工，可以在派工策略中选择按分组车型配置派工和按分组探测站配置派工两种，按分组车型配置派工根据分组与车型配置界面配置，把配置车型的过车分配给同一个小组；按分组探测站配置派工根据分组与探测站配置界面配置，把配置探测站的过车分配到同一个小组。在派工模式中选择了按人派工，可以在派工策略中选择按分析员车型配置派工和按分析员探测站配置派工两种，按分析员车型配置派工根据分析员车型配置界面配置，把配置的车型的过车分配给同一个分析员；按分析员探测站配置派工根据分析员探测站配置界面配置，把配置的探测站的过车分配给同一个分析员。

⑥分析员作业界面自动报警显示方式：有“点击显示”和“全部显示”两种显示方式。“全部显示”是指分析员界面内当前图片中所有的自动报警信息标示框全部显示，便于整车查看时能够看到报警信息。但如果自动报警信息过多时，过多的标示框反而会影响分析员看图。“点击显示”是指系统加载图片时，不显示自动报警信息标示框，只有当分析员点击信息面板的某自动报警信息时，图片才会显示该信息的标示框。

⑦分析员作业界面自动报警确认方式：有“强制鼠标确认”和“不强制鼠标确认”两种确认模式。“强制鼠标确认”是指分析员查看过车时把图片上的全部自动报警双击确认后才能交车。“不强制鼠标确认”是指分析员不需要确认自动报警，交车时系统自动确认自动报警。

⑧派工间隔时间：分析员交车后再次派车的间隔时间，设定时间必须介于 5～60 s 之间。

⑨派工拒绝时间：系统给分析员派工，等待其接车的时间。若分析员在该时间内未接车，系统认定该分析员拒绝接车，放弃给该分析员派工，改派给其他分析员，并记录其拒绝接车一次。

⑩分析员最短作业时长限制：最短作业时长必须大于等于 0，0 是不限制。

⑪作业时长超时提示时间:作业时间超时提示时间必须大于最短作业时长,0 是没有超时提醒。

⑫超期积压判断时间:过车时间到当前时间间隔大于此值,过车设置为超积压车,超积压值必须大于等于 0,0 是不限制。

⑬分析员接车提示声音是否开启:若启用则分析员界面有派工任务时,接车按钮闪烁,同时系统有声音提示分析员接车。否则,只有接车按钮闪烁,而无声音提示。

⑭分析员接车导航栏是否自动隐藏:启用则分析员进入系统后,导航栏自动隐藏,以便于看图作业。只有单击工具栏的【导航面板】或页面右下角的或按快捷键 V,才会显示。

⑮工作量策略:若启用则系统自动计算并选择当前工作量最少的分析员优先派工,便于平衡工作量。否则系统将随机派工。

⑯强制平均最大差值:按人派工最大差值:按人派工时,在线分析员之间派工次数的最大差值不会大于此值。按组派工最大差值:按组派工时,在线小组之间派工次数的最大差值不会大于此值。

注意事项:与分析员界面有关的⑥、⑦、⑧、⑨、⑩的设置变化时,分析员要重新登录后才能生效。

(2)分组与车型配置

单击图 3-43 中的【分组与车型配置】,弹出分组与车型配置窗口,如图 3-44 所示。

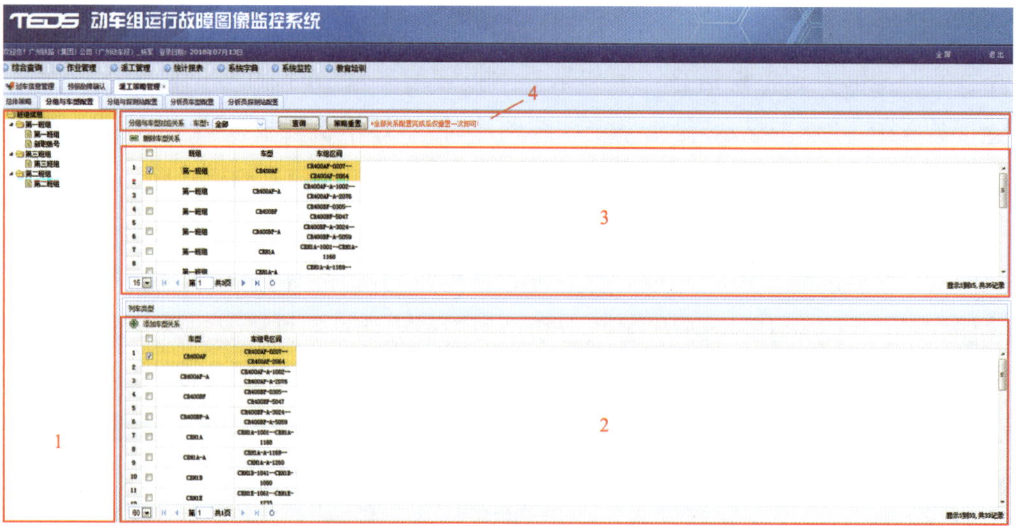

图 3-44　分组与车型配置

①在图 3-44 区域 1 中选中某一分组,勾选区域 2 中一个或多个车型,单击【添加车型关系】,则区域 3 内会显示添加的分组与车型的对应关系。

②删除车型关系：勾选图 3-44 区域 3 中分组与车型的对应关系，单击【删除车型关系】，则所选关系被删除。

③查询：在图 3-44 区域 1 内选择【班组信息】，区域 3 内显示本监控中心班组分组与车型的对应关系。在区域 1 中选择【第×班组】，区域 3 显示选中班组与车型的对应关系。在区域 1 中选择某一分组，区域 3 显示所选分组与车型的对应关系。在区域 4 中选择车型，区域 3 显示所选车型所有与分组的对应关系。方便组长掌握各车型的派工情况。

注意事项：配置完分组与车型配置关系后，点击【策略重置】后配置才能生效。

(3)分组与探测站配置

单击图 3-43 中的【分组与探测站配置】，弹出分组与探测站配置窗口，如图 3-45 所示。

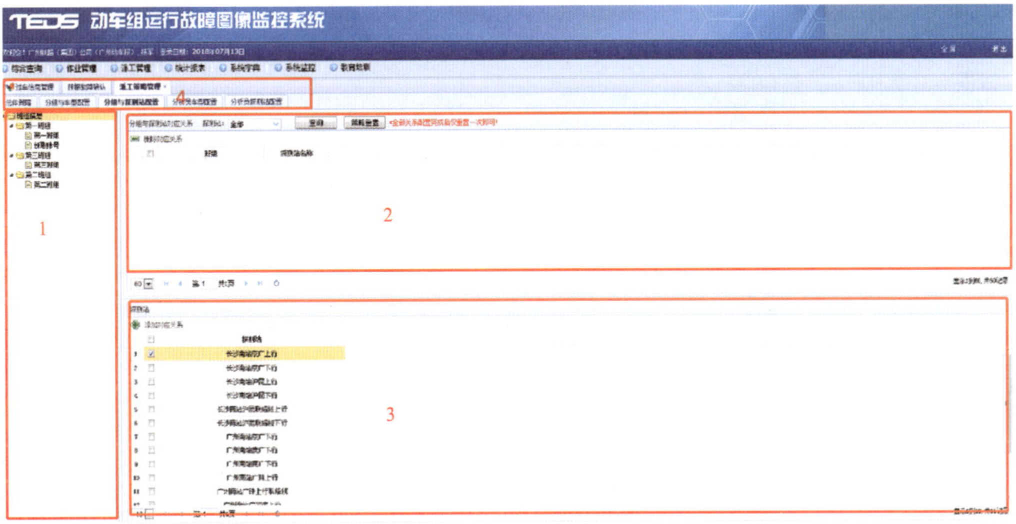

图 3-45　分组与探测站配置

①添加对应关系：在图 3-45 区域 1 中选中某一分组，勾选区域 2 中一个或多个探测站，单击【添加对应关系】，则区域 3 中会显示添加的分组与探测站的对应关系。

②删除对应关系：勾选图 3-45 区域 3 中一个分组与探测站的对应关系，单击【删除对应关系】，则所选关系被删除。

③查询：在图 3-45 区域 1 内选择【班组信息】，区域 3 中显示本监控中心班组内的分组与探测站的对应关系。在区域 1 中选择【第×班组】，区域 3 中显示选中班组内的分组与探测站的对应关系。在区域 1 中选择某一分组，区域 3 显示所选分组与探测站的对应关系。在区域 4 中选择探测站，区域 3 只显示所选探测站所有与分组的对应关系。方便组长掌握各探测站的派工情况。

注意事项:配置完分组与探测站配置关系后,点击【策略重置】后配置才能生效。

(4)分析员车型配置

单击图 3-43 中的【分析员车型配置】,弹出分析员车型配置窗口,如图 3-46 所示。

图 3-46　分析员车型配置

①添加对应关系:在图 3-46 区域 1 中选中某一分析员,勾选区域 2 中一个或多个车型,单击【添加对应关系】,则区域 3 内会显示添加的分析员与车型的对应关系。

②删除对应关系:勾选图 3-46 区域 3 中一个或多个分析员与车型的对应关系,单击【删除对应关系】,则所选关系被删除。

③查询:在图 3-46 区域 1 内选择【班组信息】,区域 3 内显示本监控中心班组内所有分析员与车型的对应关系。在区域 1 中选择【第×班组】,区域 3 显示选中班组内所有分析员与车型的对应关系。在区域 1 中选择某一分析员,区域 3 显示所选分析员与车型的对应关系。在区域 2 中选择车型,区域 3 只显示所选车型所有与分析员的对应关系。方便组长掌握各车型的派工情况。

注意事项:配置完分析员与车型配置关系后,点击【策略重置】后配置才能生效。

(5)分析员探测站配置

单击图 3-43 中的【分析员探测站配置】,弹出分析员探测站配置窗口,如图 3-47 所示。

①添加对应关系:在图 3-47 区域 1 中选中某一分析员,勾选区域 2 中一个或多个探测站,单击【添加对应关系】,则区域 3 内会显示添加的分析员与探测站的对应关系。

②删除对应关系:勾选图 3-47 区域 3 中一个或多个分析员与探测站的对应关系,单

击【删除对应关系】，则所选关系被删除。

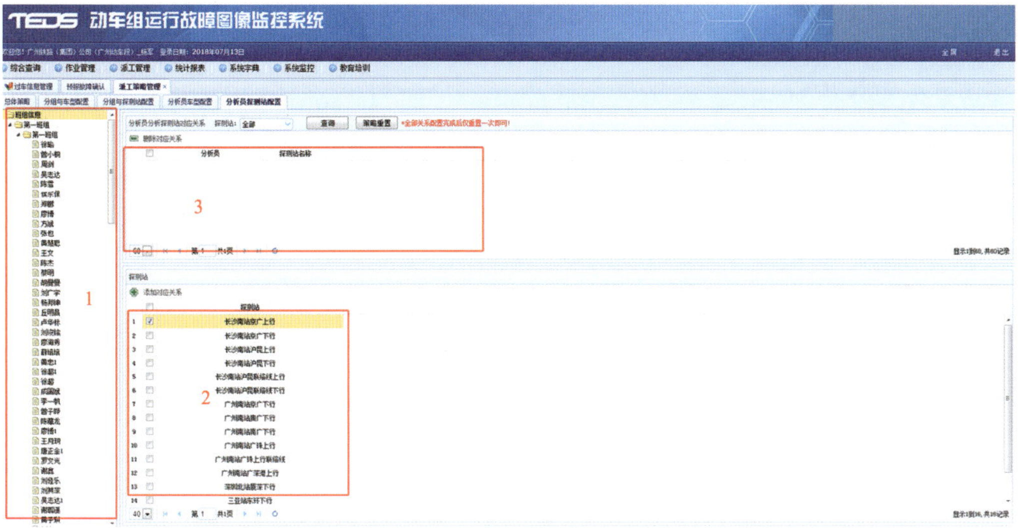

图 3-47 分析员探测站配置

③查询：在图 3-47 区域 1 中选择【班组信息】，区域 3 内显示本监控中心班组内所有分析员与探测站的对应关系。在区域 1 中选择【第×班组】，区域 3 显示选中班组内所有分析员与探测站的对应关系。在区域 1 中选择某一分析员，区域 3 显示所选分析员与探测站的对应关系。在区域 2 中选择探测站，则只显示所选探测站所有与分析员的对应关系。方便组长掌握各探测站的派工情况。

注意事项：配置完分析员与探测站配置关系后，点击【策略重置】后配置才能生效。

2. 作业模式配置

功能：通过本页面可以设置通过探测站而不需查看图像的车组（过车甩站），以便减少分析员不必要的工作量。同时可以设置通过探测站重点列车名单，以便系统可以按照设置自动优先对重点列车派工，分析员重点查看重点列车。

操作：单击图 3-42 中的【作业模式配置】，弹出作业模式配置窗口，如图 3-48 所示。

（1）添加车组号：选中某探测站，单击图 3-48 区域 3 中的【添加车组号】，弹出对话框，如图 3-49 所示。填写 4 位数字的车组号，单击【提交】，则区域 3 内会显示添加的探测站与车组号的对应关系；选中某探测站，单击区域 2 中的【添加车次】，弹出对话框，如图 3-50 所示。填写车次，单击【提交】，则区域 2 内会显示添加的探测站与车次的对应关系。

（2）删除对应关系：勾选图 3-48 区域 3 中一个或多个探测站与车组号的对应关系，单击【删除】，则所选关系被删除；勾选区域 2 中一个或多个探测站与车次的对应关系，单击【删除】,则所选关系被删除。

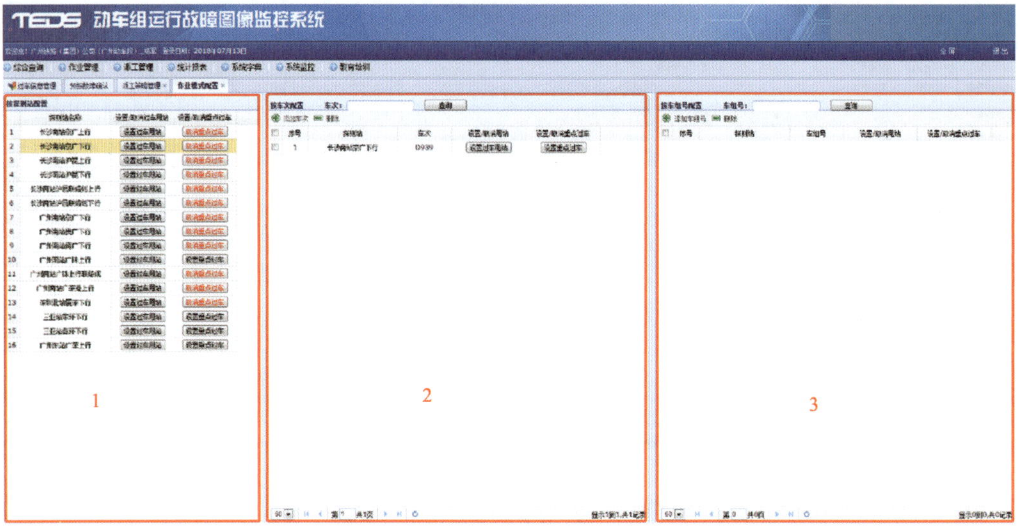

图 3-48　作业模式配置

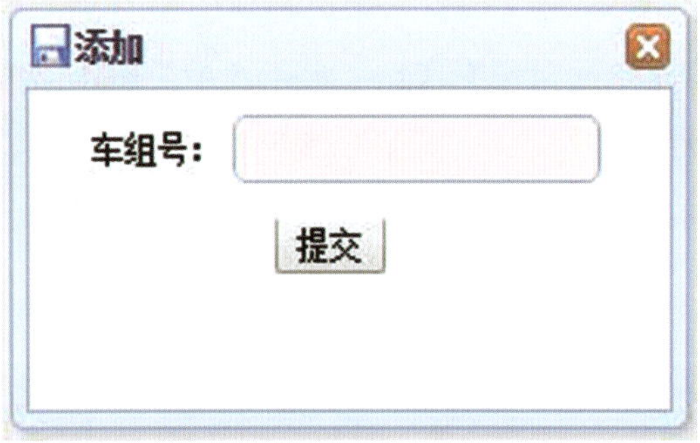

图 3-49　添加车组号

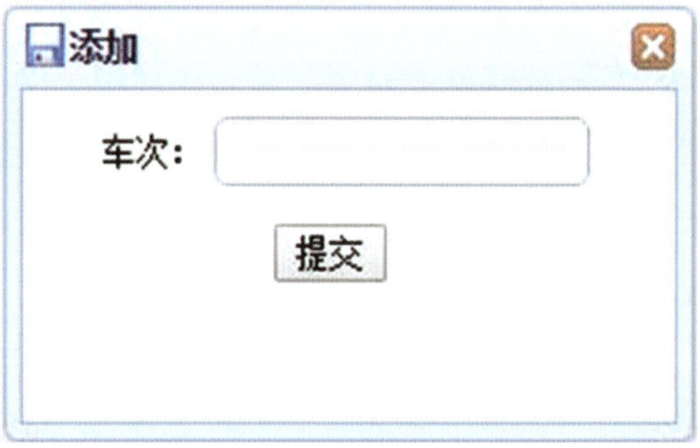

图 3-50　添加车次

(3)设置状态:单击图 3-48 中任一行记录的【设置/取消甩站】栏或【设置/取消重点过车】栏,可以设置或取消该探测站的甩站或重点列车状态。**注意:**黑色“设置”表示该探测站状态为正常,红色“取消”表示该探测站状态为甩站或重点过车。

(4)查询:选中图 3-48 区域 1 中探测站,在区域 3 中填入车组号,可查询本探测站内该车组号的甩站及重点过车信息;选中区域 1 内的探测站,在区域 2 内填入车次,可查询本探测站内该车次的甩站及重点过车信息。

(5)单击图 3-48 区域 2(或区域 3)中的任一行记录的【设置/取消甩站】栏或【设置/取消重点过车】栏,可以设置或取消该车组号(或车次)列车的甩站或重点列车状态。**注意:**黑色“设置”表示该车组号状态为正常,红色“取消”表示该车组号状态为甩站或重点过车。

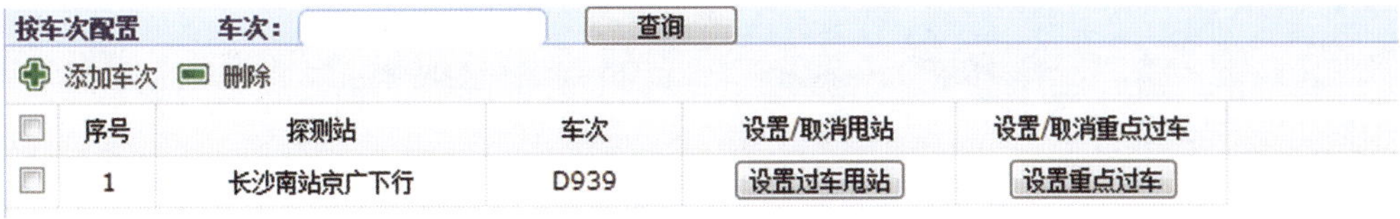

图 3-51　按车组号配置甩站及重点列车

(6)重点过车和过车甩站派工策略，综合考虑按车组号、按探测站派工策略。设定的重点列车，系统将会优先派工，并且分析员操作界面上图像周围会有红色提示框，提示分析员重点查看。设定的甩站列车，系统将不会派工。

配置时遵循车组号优先、重点过车优先的原则，即如果探测站和车组号全部设置为重点，则通过该探测站的所有车组号状态为重点；如果探测站和车组号全部设为甩车，则通过该探测站的所有车组皆甩车；若探测站设置为重点，车组号设置为正常，则该探测站所有过车中设置的车组号状态为正常，其他过车状态全部为重点；若探测站设置为正常，车组号设置为重点，则该探测站所有过车中设置的车组号为状态为重点，其他过车状态为正常；如果探测站和车组号全部设置为正常，则通过该探测站的所有车组号状态为正常；若重点过车与甩站设置冲突时，即某探测站或车组号同时设为重点和甩车，则涉及的车组号状态为重点过车。

五、统计报表

把鼠标箭头放在【统计报表】上，显示统计报表子菜单，如图 3-52 所示。统计报表有过车报警数量统计、过车流量图表统计、过车工作量统计、分析员作业流水详情、分析员作业质量统计、分析员拒接车详情、TEDS 系统 4 率统计、检测故障记录、自动报警处理详情、设备运行状态统计、预报故障汇总统计共 11 项。

图 3-52　统计报表子菜单

1. 过车报警数量统计

过车报警数量统计可快速查询探测站的过车数量、报警总数、各部位报警数量等信息。

单击图 3-52 中【过车报警数量统计】，在主功能区弹出过车报警数量统计窗口，如图 3-53 所示。在图 3-53 区域 1 中选择过车时间，单击【查询】，在区域 2 显示过车信息，包括探测站名称、过车数量、报警总数、各部位报警数量。点击图 3-53 区域 2 内的【导出】，把当前查询条件查询的数据导出到 Excel 中。

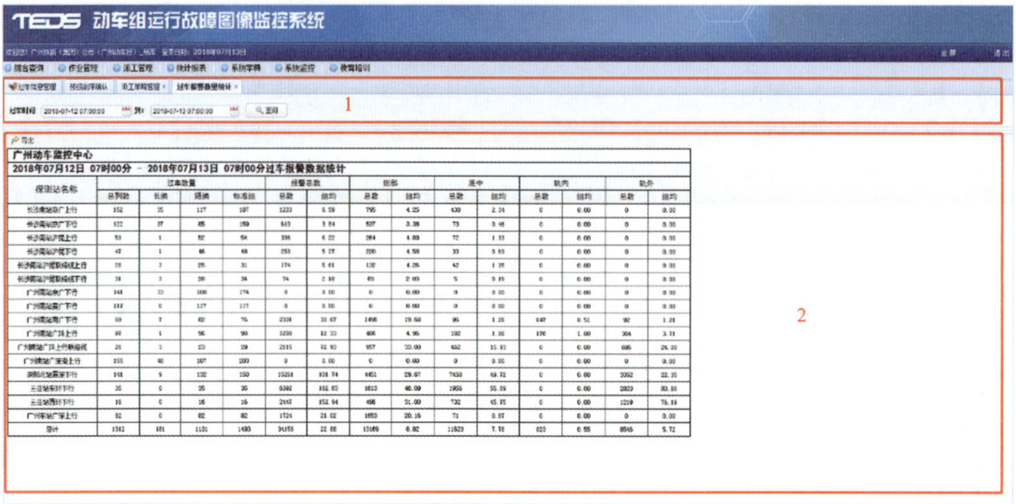

图 3-53　过车报警数量统计

各列显示数据的计算方式说明：

(1)过车数量：每个“探测站名称”对应一个“过车数量”。其中“总列数”表示本探测站过车列车数量之和；“长编”表示本探测站 16 辆编组(长编)列车的数量之和；“短编”表示本探测站 8 辆编组(短编)列车的数量之和；“标准组”表示将本探测站长、短编列车按照标准组计算，即 8 辆车算作一个标准组，8 辆编组列车算作 1 个标准组，16 辆编组列车算作 2 个标准组。

(2)报警总数：“总数”一列表示这个探测站过车上的自动报警件数总和。“组均”表示本探测站平均每个标准组上有多少件自动报警，即报警总数除以标准组数。

(3)侧部：“总数”一列表示这个探测站过车上，侧部的自动报警件数总和，侧部包括“左侧上部”“左侧下部”“右侧上部”“右侧下部”四个监控部位。“组均”表示本探测站平均每个标准组上有多少件侧部的自动报警，即侧部的报警总数除以标准组数。

(4)底中：“总数”一列表示这个探测站过车上，“底部”这个监控部位的自动报警件数总和。“组均”表示本探测站平均每个标准组上有多少件底部的自动报警，即底部的报警总数除以标准组数。

(5)轨内：“总数”一列表示这个探测站过车上，轨道内侧的自动报警件数总和，轨内包括“左轴内侧”“右轴内侧”两个监控部位。“组均”表示本探测站平均每个标准组上有多少件轨内的自动报警，即轨内的报警总数除以标准组数。

(6)轨外：“总数”一列表示这个探测站过车上，轨道外侧的自动报警件数总和，轨外包括“左轴外侧”“右轴外侧”两个监控部位。“组均”表示本探测站平均每个标准组上有多少件轨外的自动报警，即轨外的报警总数除以标准组数。

2. 过车流量图表统计

过车流量统计可快速直观的查询所选当天、当月、当年的过车统计信息。

单击图3-52中【过车流量图表统计】,在主功能区弹出过车流量统计窗口,如图3-54所示。在图3-54区域1中选择探测站和过车时间后,区域2自动以曲线图形式直观显示所选日期每一整点间隔内通过列车数。点击图3-54区域2内的【月过车流量统计】,显示所选日期所在月份每日通过列车数,如图3-55所示。点击图3-55区域2中的【年过车流量统计】,显示所选日期所在年份每月通过列车数,如图3-56所示。单击各区域【选项】,可打印图片或导出Excel报表。

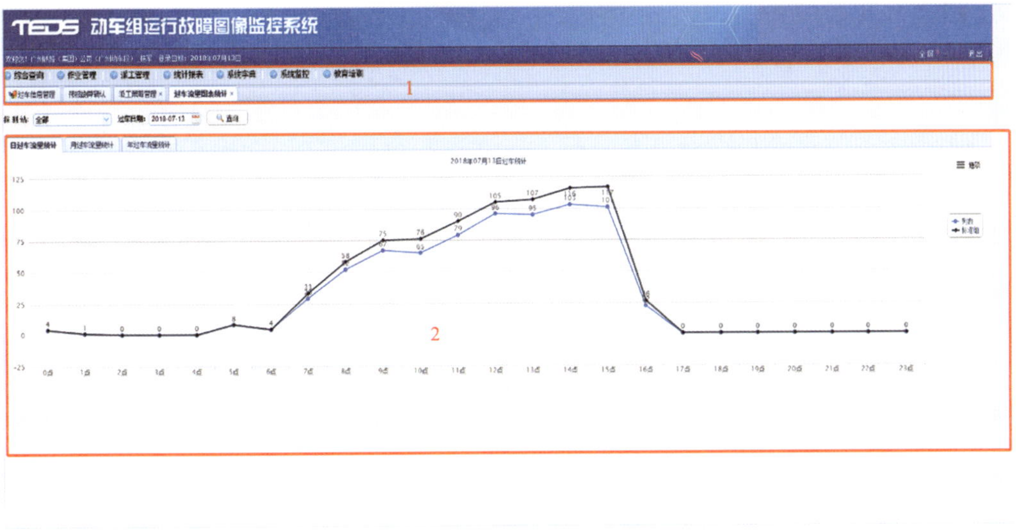

图3-54　日过车流量统计

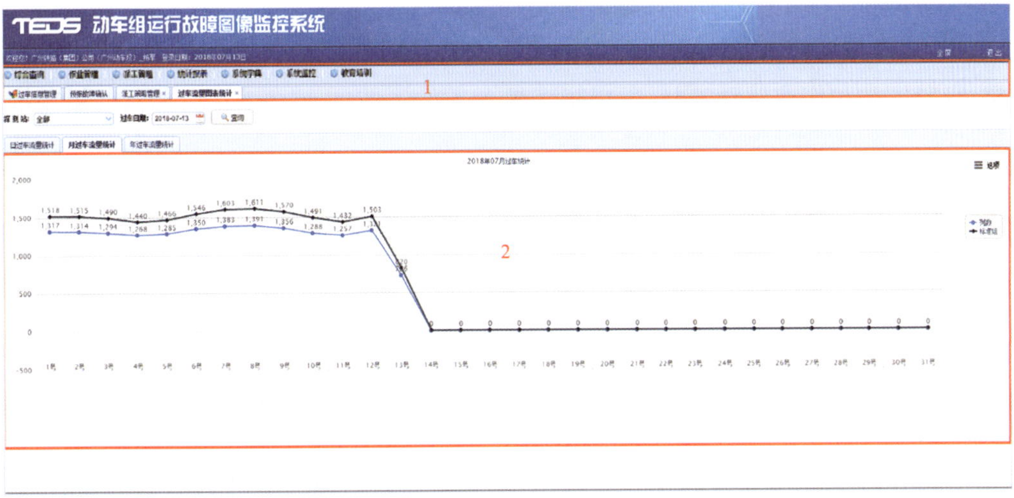

图3-55　月过车流量统计

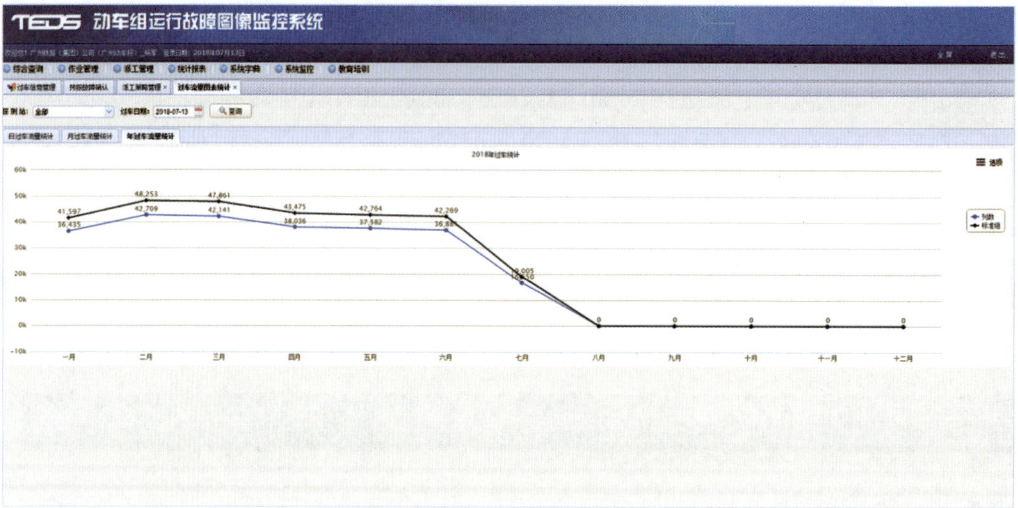

图 3-56　年过车流量统计

点击【导出图片】,可导出当前页面的图片;点击【导出数据】,可把当前查询条件查询的数据导到 Excel 中。

各图表数据的计算方式说明:

图 3-54 表示特定探测站、特定日期下,从特定日期当天的 0 点到 23 点每个小时内过车列车之和,即按小时统计过车数量;图 3-55 表示特定探测站、特定日期下,从特定日期月份的第一天到最后一天每天内过车列车数量之和,即按天统计过车数量;图 3-56 表示特定探测站、特定日期下,从特定日期年份的第一个月到最后一个月每月内过车列车数量之和,即按月统计过车数量。

3. 过车工作量统计

过车工作量统计可方便查询经过探测站的选定时间段内每列车的具体信息、配属信息、报警信息和作业信息,同时可以查询组合条件下的列车、车辆统计信息、报警统计信息等。

单击图 3-52 中【过车工作量统计】,在主功能区弹出过车工作量统计窗口,如图 3-57 所示。在图 3-57 区域 1 中选择探测站(默认全部)、统计日期,填写车组号,单击【查询】,区域 2 显示过车信息,包括每列车的序号、过车时间、探测站、过车顺序、车组号、车辆号、车型、配属局、配属所、自动报警数量、误报警数量、确认报警数量、分析员预报数量、工长确认报警数、作业开始时间和作业结束时间。点击图 3-57 区域 2 内的【导出】,可把当前页面的数据导出到 Excel 中。

表单中数据的计算方式说明:

(1)总组数:查询条件下总的列车数。

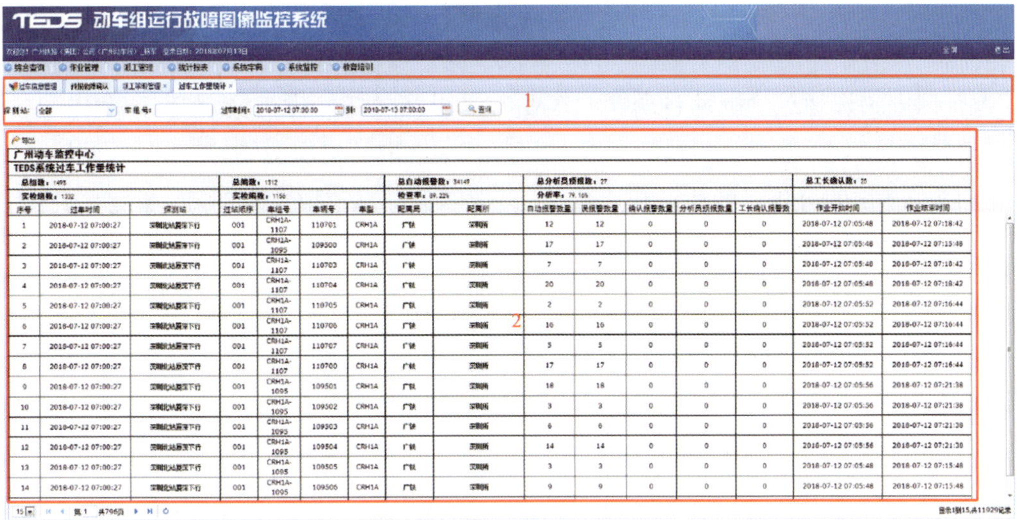

图 3-57 过车工作量统计

(2)总编数:查询条件下总的列车车辆数。

(3)总自动报警数:查询条件下列车上全部的自动报警数。

(4)总分析员预报数量:查询条件下分析员填报的人工报警数量。

(5)总工长确认数:“总分析员预报数量”中工长已确认的人工报警的数量。

(6)实检组数:“总组数”中分析员已作业的列车数。

(7)实检编数:“总编数”中分析员已作业的车辆数。

(8)检查率:已作业的列车数量占“总组数”(总列车数量)的百分比。

(9)分析率:“总自动报警数”中已分析过(除未确认以外)的自动报警占“总自动报警数”的百分比。

列表每行为一个列车车辆的具体信息,列表中各列数据的计算方式说明:

(1)自动报警数量:车辆自动报警总数。

(2)误报警数量:车辆自动报警中,被分析员置为误报的自动报警总数。

(3)确认报警数量:车辆自动报警中,被分析员确认为报警的自动报警总数。

(4)分析员预报数量:分析员人工填报的车辆报警的总数。

(5)工长确认报警数:工长确认分析员填报的人工报警为故障的人工报警总数。

(6)作业开始时间:分析员接到车辆并开始分析作业的时间。

(7)作业结束时间:分析员结束对车辆分析作业的时间。

4. 分析员作业流水详情

分析员作业流水详情可组合条件查询分析员的全天作业流水情况,掌握分析员工作的详细作业信息。

单击图 3-52 中【分析员作业流水详情】,在主功能区弹出分析员作业流水详情窗口,如图 3-58 所示。在图 3-58 区域 1 中的“统计日期”选择统计开始和结束日期后,在“班组”下拉框中再选择这个统计日期期间作业的班组,然后“分析员”下拉框中会出现所选班组的分析员列表,选择分析员后再在“探测站”中选取特定探测站,点击“查询”后,区域 2 显示所要查询的分析员的作业流水情况,包括序号、分析员、过车时间、探测站、过车顺序、车组号、报文编组数量、车辆号、监控部位、车型、配属局、配属所、作业开始时间、作业结束时间和作业耗时(作业耗时大于 10 min 字体显示为红色,否则显示为绿色)。

点击图 3-58 区域 2 中的【导出】,可把当前查询条件查询的结果导出到 Excel 中。

注意事项:查询条件作业时间区间不能大于 31 天,如果大于 31 天会弹出提示框“统计日期区间不能大于 31 天,请重试”。

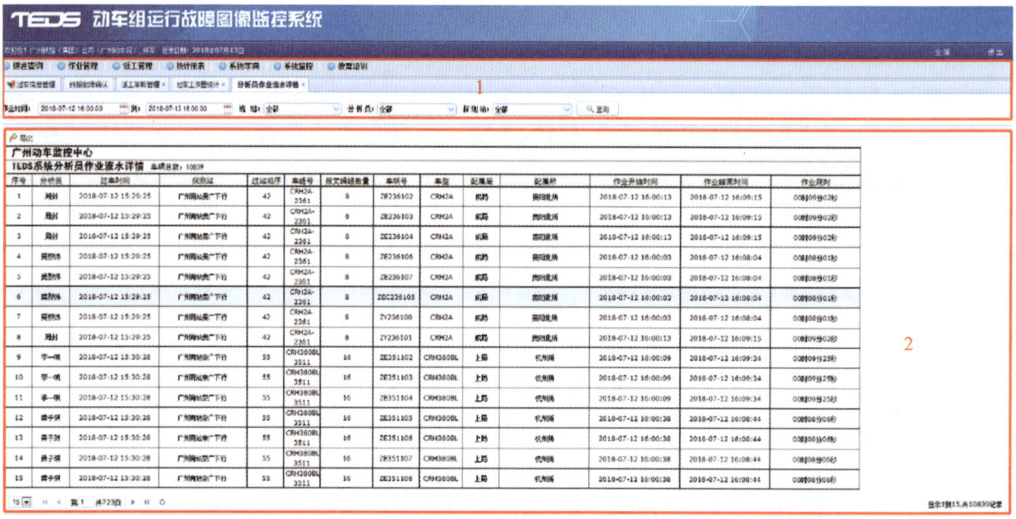

图 3-58　分析员作业流水统计

表单中数据的计算方式说明:

(1)车辆总数:查询条件下总的车辆数。

(2)报文编组数量:由列车报文获得,表示分析员作业的监控部位所在列车的编组数(8 辆编组或 16 辆编组)。

(3)作业开始时间:分析员开始分析作业监控部位的时间。

(4)作业结束时间:分析员结束分析作业监控部位的时间。

(5)作业耗时:分析员从开始分析作业监控部位到结束作业总共花费的时间。

5. 分析员作业质量统计

分析员作业质量统计便于统计分析员当天工作量,作为业绩评定的根据。

单击图 3-52 中【分析员作业质量统计】,在主功能区弹出分析员作业质量统计窗口,如图 3-59 所示。在图 3-59 区域 1 中选择班组、分析员和作业时间后，区域 2 显示所选班组成员的工作量信息，包括序号、分析员、累计派工次数、累计拒接次数、累计作业次数、分析报警数量、识别误报警数量、分析员预报数量、累计作业时长（累计作业时长大于 10 min，用红字表示，否则用绿字表示）。

点击图 3-59 区域 2 内的【导出】，可把当前查询条件查询的数据导出到 Excel 中。

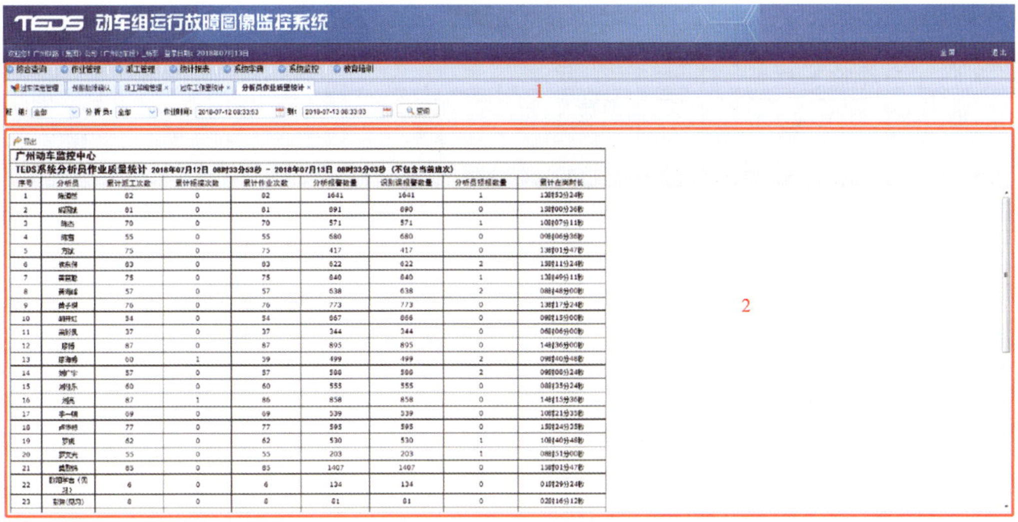

图 3-59 分析员作业质量统计

在特定查询条件下，列表中数据的计算方式说明：

（1）累计派工次数：系统将未派工列车按派工配置派给分析员的次数总和。

（2）累计拒接次数：分析员没有在规定时间内接车的次数总和。

（3）累计作业次数：分析员接车并完成作业的次数总和。

（4）分析报警数量：分析员接到并且分析过的自动报警数量，即除“未确认”的自动报警之外的自动报警总数。

（5）识别误报警数量：“未确认”的自动报警总数。

（6）分析员预报数量：分析员人工填报的报警总数。

（7）累计作业时长：分析员已经分析作业的时间总数。

6. 分析员拒接车详情

分析员拒接车统计主要统计分析员在当班时间未接受系统所派工列车车辆监控部位的详细信息，可了解分析员的工作状态及工作态度。

单击图 3-52 的【分析员拒接车详情】，主窗口弹出分析员拒接车详情窗口，如图 3-60 所示。在图 3-60 区域 1 中可以选择探测站，填写车组号、分析员、拒接时间这些条件，单击【查询】，区域 2 显示特定查询条件下的信息，包括序号、过车时间、探测站、车组号、车辆号、监控部位、派工时间、拒接时间和分析员。

点击图 3-60 区域 2 内的【导出】,可把当前查询条件查询的数据导出到 Excel 中。

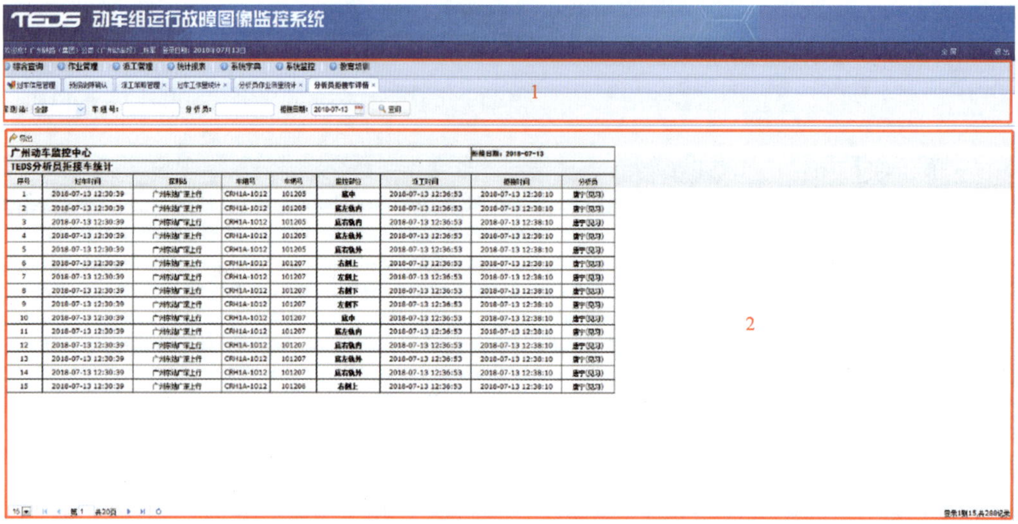

图 3-60　分析员拒接车统计

在特定查询条件下,列表中数据的计算方式说明:

(1)派工时间:系统将车辆监控部位按派工配置派工给分析员的时间。

(2)拒接时间:分析员在规定时间段内,未接系统派给其车辆监控部位的最后时间点。

(3)分析员:规定时间段内未接系统派车的分析员姓名,即拒接车分析员姓名。

7. TEDS 系统 4 率统计

TEDS 系统 4 率统计主要快速统计系统的开机率、准确率、分析率、复核率,开机率须达到 100%,准确率须达到 50%以上,分析率须达到 100%,复核率须达到 100%。

单击图 3-52 中【TEDS 系统 4 率统计】,在主功能区弹出 TEDS 系统 4 率统计窗口,如图 3-61 所示。在图 3-61 区域 1 中选择报表类型后,区域 2 显示查询信息,包括探测站名称、系统故障停机时间、系统理论工作时间、开机率、分析故障件数、报警故障件数、分析率、分析员预报故障件数、报警故障件数、准确率、复核故障件数、“双确认”预报故障件数、复核率。单击【导出】,可将查询信息导出到 Excel 中。

在特定查询条件下,列表中数据的计算方式说明:

(1)开机率=(系统理论工作时间和－系统故障停机时间和)/系统理论工作时间和×100%。时间以分钟为单位,“系统理论时间和”不包括检修时间。

(2)准确率=分析员预报故障件数/报警故障件数×100%。

(3)分析率:

自动报警分析率=分析故障件数/报警故障件数×100%。

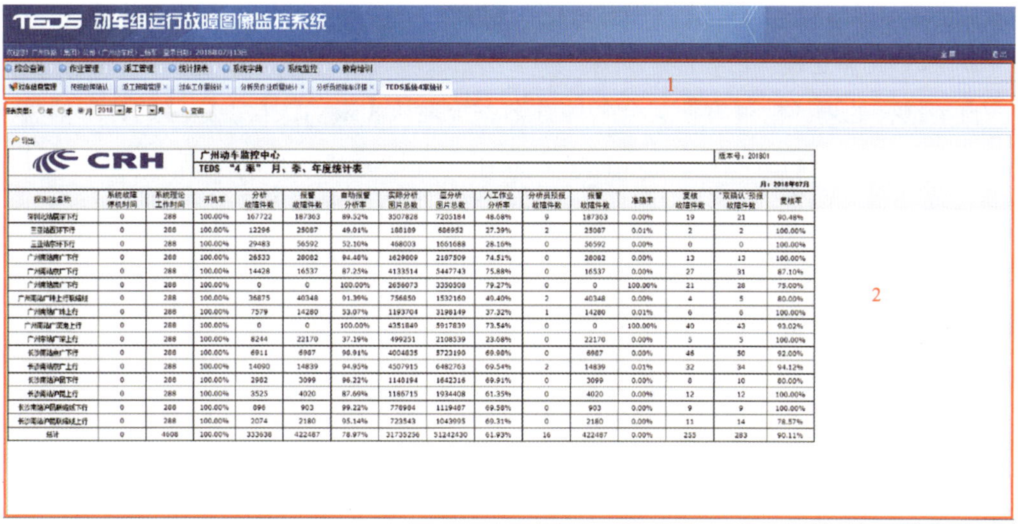

图 3-61　TEDS 系统 4 率统计

人工作业分析率=实际分析图片/应分析图片数×100%。

(4)复核率=复核故障件数/“双确认”预报故障件数×100%。

8. 检测故障记录

检测故障记录主要统计监控中心故障的情况。

单击图 3-52 中【检测故障记录】,在主功能区弹出检测故障记录窗口,如图 3-62 所示。在图 3-62 区域 1 中选择探测站、上报时间,填写车组号后,单击【查询】,在区域 2 中显示查询信息,包括序号、车次、车组号、车辆号、配属局、配属所、故障部位、故障名称、预报事项、TEDS 作业组长、途中故障处置情况、随车机械师、终到所、复核结果、复核人。

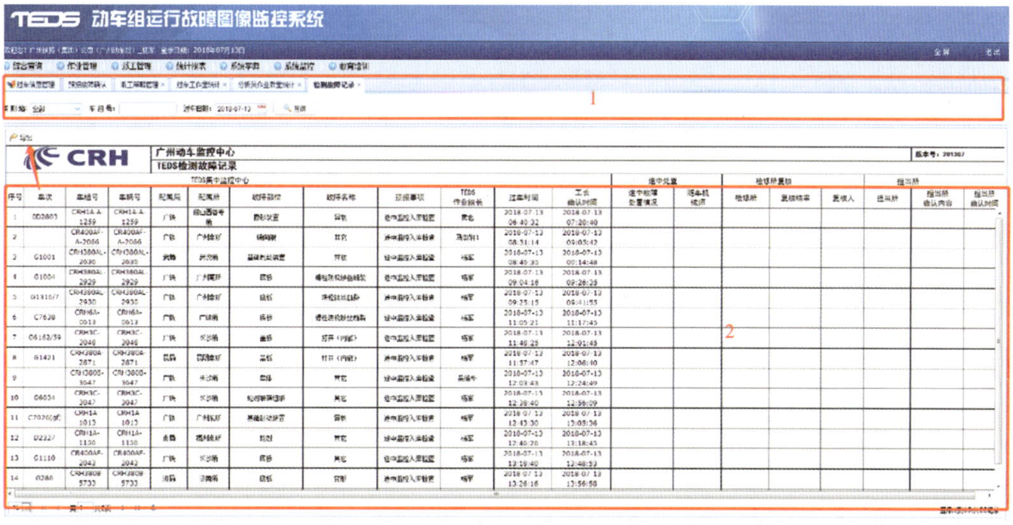

图 3-62　检测故障记录

点击图 3-62 区域 2 内的【导出】,可把当前查询条件查询的数据导出到 Excel 中。

9. 自动报警处理详情

自动报警处理详情可方便组合条件查询系统确认和未确认自动报警的详细信息。

单击图 3-52 中【自动报警处理详情】,在主功能区弹出自动报警处理详情窗口,如图 3-63 所示。在图 3-63 区域 1 中选定探测站、过车日期,填写车组号,单击【查询】,区域 2 显示按车组号统计信息,包括序号、探测站、过站顺序、报文编组数量、车组号、过车时间、报文入库时间、实际图片数量、第一张图片传入时间、最后一张图片传入时间、传图耗时(传图耗时大于 10 min 用绿字,否则用红字表示)、作业开始时间、作业结束时间、作业耗时(作业耗时大于 10 min 用绿字,否则用红字表示)。单击图 3-63 区域 2 的任一行,区域 3 显示区域 2 选中的车组号统计信息,包括序号、过车时间、过车报文插入时间、探测站、过站顺序、车组号、车辆号、自动报警数量、误报警数量、确认报警数量、分析员未确认数量、作业开始时间。单击图 3-63 区域 3 的任一行,区域 4 显示区域 3 选中车辆的未确认报文和已确认报文的详细信息。分别单击图 3-63 区域 2、区域 3、区域 4 内的【导出】,可导出 Excel 表格。

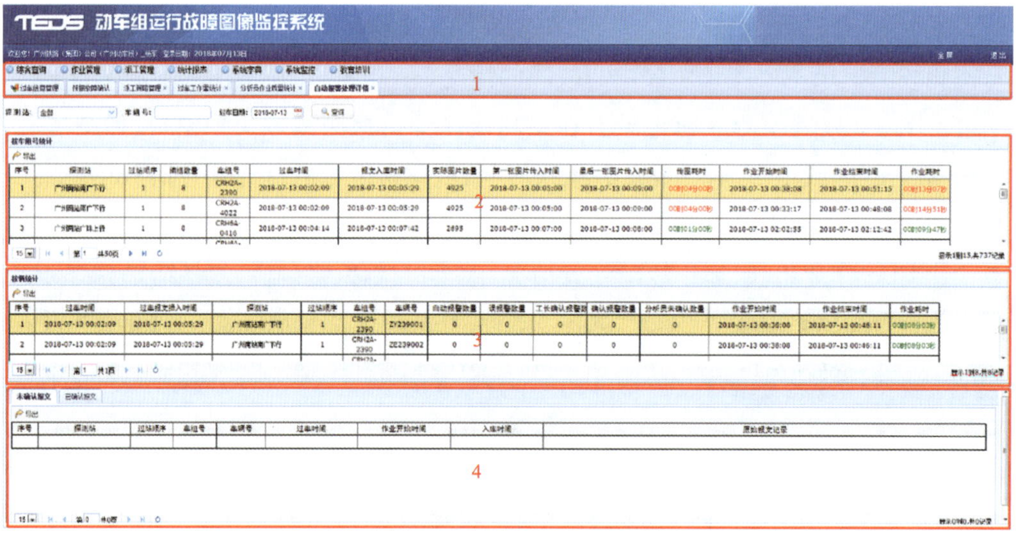

图 3-63　自动报警处理详情

在特定查询条件下,列表中数据的计算方式说明:

(1)过车报文插入时间:探测站将报文上传到监控中心服务器的时间。

(2)自动报警数量:一节列车车辆上全部自动报警的总数。

(3)误报警数量:全部自动报警中设为“误报”的自动报警总数。

(4)确认报警数量:全部自动报警中设为“报警”的自动报警总数。

(5)分析员未确认数量:全部自动报警中分析员没有处理的自动报警数量,及状态为

“未确认”的自动报警数量。

(6)作业开始时间：分析员开始分析列车车辆的作业起始时间。

10. 设备运行状态统计

设备运行状态统计可方便随时掌握检测设备运行状态，以便及时发现异常，尽快处理，保障设备正常运行，也利于评判厂家设备质量。

单击图 3-52 中【设备运行状态统计】，在主功能区弹出设备运行状态统计窗口，如图 3-64 所示。在图 3-64 区域 1 中选定探测站和过车日期，单击【查询】，区域 2 显示具体查询信息，包括序号、设备厂家、探测站名称、探测总辆数、自动报警总数、自动报警辆均、误报警辆数理论开机时间、实际开机时间、开机率、自动报警分析总数、分析率、报警确认上报数、准确率、总分析时长、辆均、长编列均、短编列均、10 min 完成。单击【导出】，可导出 Excel 表格。注意，每日统计一次设备状态。

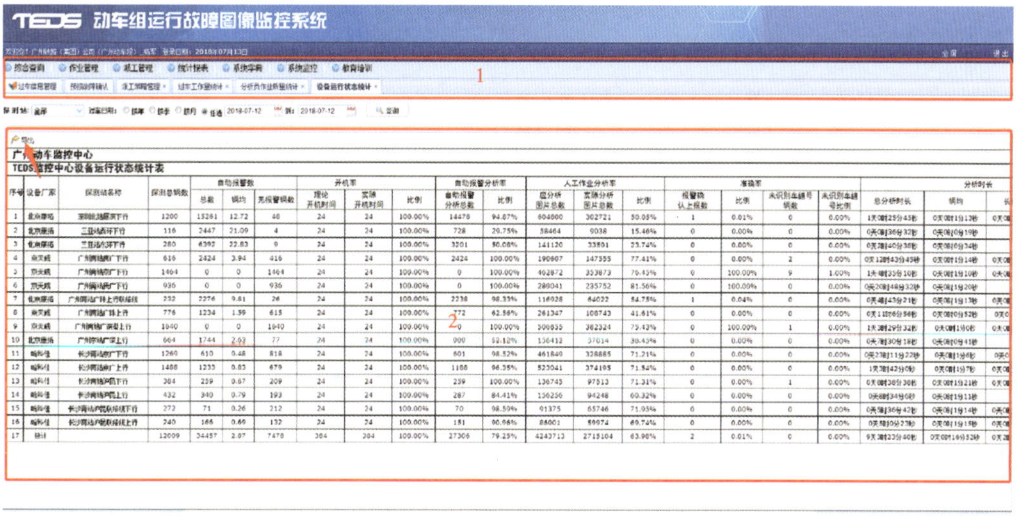

图 3-64　设备运行状态统计

在特定查询条件下，列表中数据的计算方式说明：

(1)探测总辆数：列车车辆总数(异常报文的过车除外)。

(2)自动报警数：“总数”表示车辆上的全部报警总数；“辆均”表示每辆车上平均自动报警数，即报警总数除以探测总辆数；“无报警辆数”表示一列没有任何自动报警的过车所包含的车辆数。

(3)开机率：“理论开机时间”表示探测站一天(24 h)中除计划停机时间外，应该保持开机的时间(单位：小时)；“实际开机时间”表示探测站在“理论开机时间”内，实际开机了多少小时，实际开机时间是按照探测站按照固定时间间隔上传到监控平台服务器的状态报文统计计算出的，探测站每 10 min 上报 1 条设备状态信息，超过 30 min 未上报，则记录停机时长;“比例”表示“实际开机时间”除以“理论开机时间”的百分比。

(4)分析率:“自动报警分析总数”表示自动报警总数中,分析员作业分析过的报警数量,也就是除“未确认”状态以外的全部自动报警数量;“比例”表示“自动报警分析总数”除以自动报警总数的百分比。

(5)准确率:“报警确认上报数”表示自动报警总数中,分析员确认为真实故障的自动报警,也就是被分析员置为“报警”状态的自动报警,在被工长确认为真实故障并上报到铁路总公司的自动报警数;“比例”表示“报警确认上报数”除以自动报警总数的百分比。

(6)分析时长:“总分析时长”表示分析员分析当天某探测站全部过车的时间总长(从过车时间到作业完成时间的时间跨度之和);“辆均”表示每辆车的平均分析时长,即“总分析时长”除以“探测总辆数”;“长编列均”表示分析员分析长编车平均每列所花时长,即长编列车分析总时长除以长编列车列数;“短编列均”表示分析员分析短编车平均每列所花时长,即短编列车分析总时长除以短编列车列数;“10 min 完成”表示作业时间跨度小于 10 min 的列车数。

11. 预报故障汇总统计

预报故障汇总统计可方便组合条件查询系统预报故障的详细信息及数量,可以以报警类型、报警模式、报警部位等对汇总的预报故障进行筛选。

单击图 3-52 中【预报故障汇总统计】,在主功能区弹出预报故障汇总统计窗口,如图 3-65。在图 3-65 区域 1 中选定探测站和上报日期、统计方式、报警类型、报警模式,填写报警部位,单击【查询】,区域 2 显示具体查询信息,包括序号、探测站、车型、报警类型、报警模式、报警部位、报警数量。

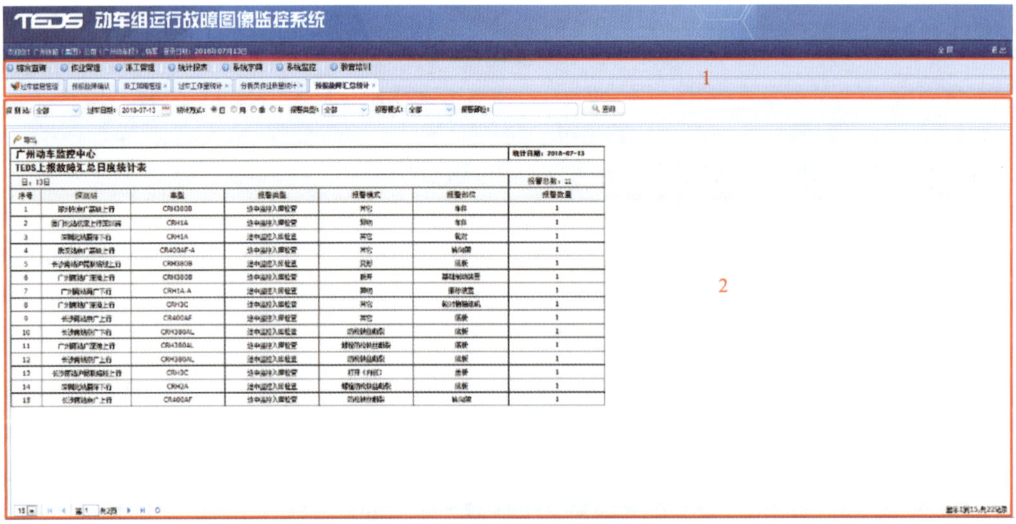

图 3-65　预报故障汇总统计

列表中“报警数量”表示特定车型、报警类型、报警模式、报警部位下，全部的报警数量。点击图 3-65 区域 2 内的【导出】，可把当前查询条件查询的数据导出到 Excel 中。

六、系统字典

把鼠标箭头放在【系统字典】上，显示系统字典子菜单，如图 3-66 所示。

1. 故障模式字典

通过故障模式字典，可以查询故障模式情况，并对其进行操作。

图 3-66　系统字典子菜单

(1)单击图 3-66 中的【故障模式字典】，在主功能区弹出故障模式字典窗口，如图 3-67 所示。在图 3-67 区域 1 中选择模式类型，单击【查询】，在区域 2 内显示查询的内容，包括序号、模式类型、故障模式。

(2)单击图 3-67 区域 2 内的【添加故障模式】，弹出添加故障模式窗口，如图 3-68 所示，进行添加操作；选择区域 2 内的任一条数据，点击【修改】，弹出修改故障模式窗口，如图 3-69 所示，进行修改操作；任选一条数据，点击【删除】即可删除选中的数据。

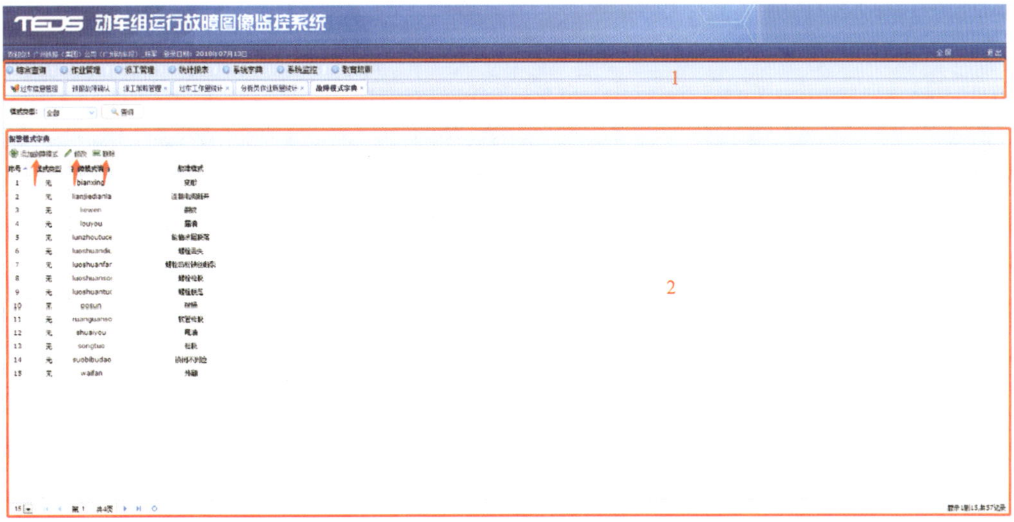

图 3-67　故障模式字典

2. 组织机构字典

组织机构字典可以查看所有铁路局集团公司以及各个铁路局集团公司下的段和监控中心等分支。

(1)单击图 3-66 中的【组织机构字典】，在主功能区弹出组织机构字典窗口，如

图 3-70 所示。在图 3-70 区域 1 中填写单位编码和单位名称，单击【查询】，在区域 2 内显示查询的组织机构信息，包括单位编码、单位名称、单位简称、单位类型编码、所属上级单位编码、可用状态、排序 ID、所属路局集团公司、IP。

图 3-68　添加故障模式

图 3-69　修改故障模式

(2)点击图 3-70 区域 3 中的任意一个铁路局集团公司或者该铁路局集团公司下的任意一个分支，即可在区域 2 内显示所选择的分支下的所有分支的组织机构信息。

图 3-70　组织机构字典

(3)单击图 3-70 区域 2 内的【新增】，弹出组织机构信息窗口，如图 3-71 所示，进行添加操作；选择区域 2 内的任一条数据，点击【修改】，弹出组织机构信息窗口，如图 3-71 所示，进行修改操作；任选一条数据，点击【删除】即可删除选中的数据。

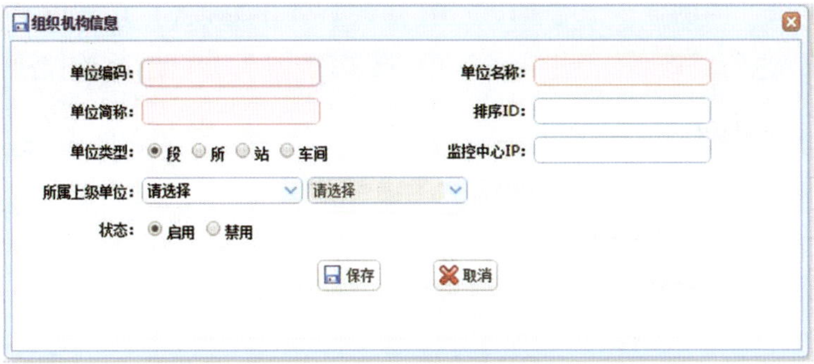

图 3-71　组织机构信息

3. 探测站字典

探测站字典可以查看探测站的具体信息，并能对探测站信息进行操作。

(1)单击图 3-66 中的【探测站字典】，在主功能区弹出探测站字典窗口，如图 3-72 所示。在图 3-72 区域 1 中选择探测站名称与厂家名称，单击【查询】，在区域 2 内显示探测站信息，包括探测站编码、探测站名称、探测站简称、探测站公里标、设备厂家。

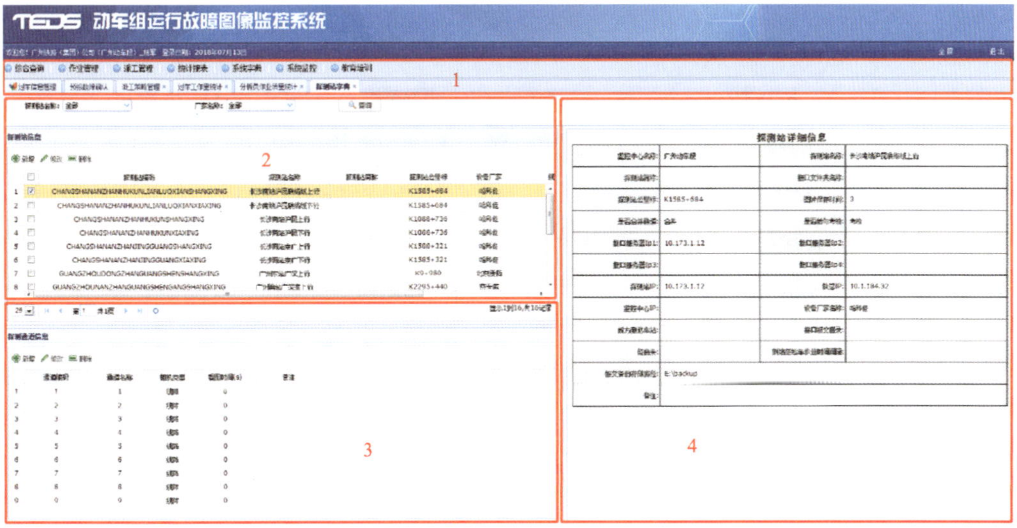

图 3-72　探测站字典

(2)选择图 3-72 区域 2 中的任一条数据，在区域 3 内显示该数据对应的探测通道信息，包括通道编码、通道名称、相机类型、看图时间(s)、备注。在图 3-72 区域 4 中显示选择的探测站的详细信息，包括监控中心名称、探测站名称、探测站简称、接口文件夹名称、探测站公里标、图片保存时间、是否合并通道、是否参与考核、接口服务器 IP1、接口服务器 IP2、接口服务器 IP3、接口服务器 IP4、探测站 IP、铁总 IP、监控中心 IP、设备厂家名称、前方到达车站、接口报文目录、经由来、到站至检车作业时间间隔、报文备份存储路径、备注。

(3)点击图 3-72 区域 2 中的【新增】，弹出新增窗口，如 3-73 所示，即可进行新增探测站操作；选择区域 2 内的任一条数据，点击【修改】，弹出修改窗口，如图 3-74 所示，即可对选中的探测站进行修改；选择任一条数据，点击【删除】，即可删除该探测站的信息。

图 3-73　新增探测站

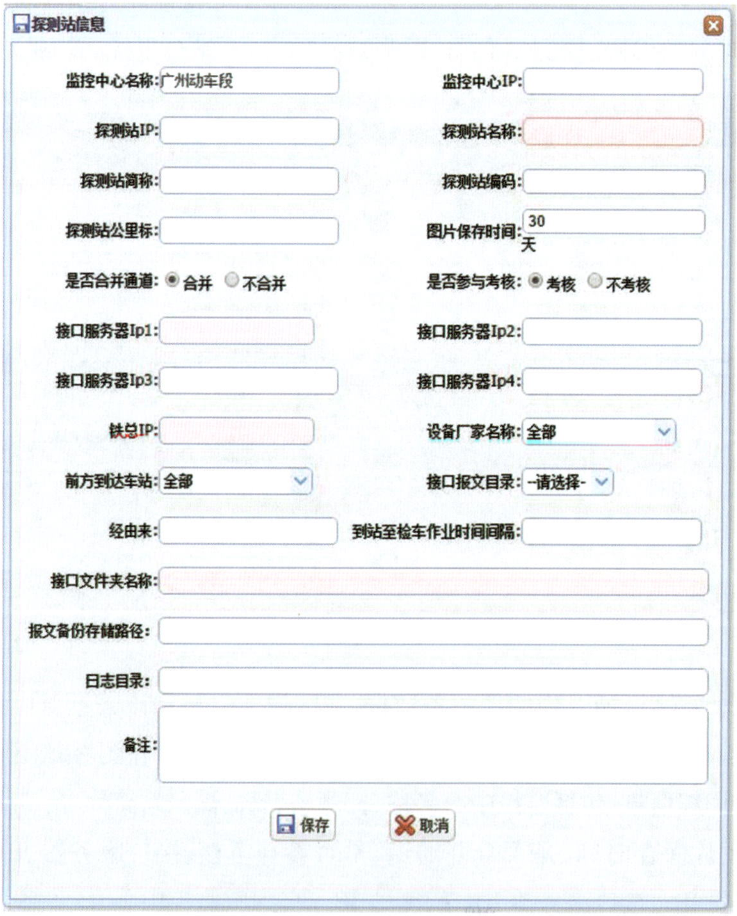

图 3-74　探测站信息修改

(4)点击图 3-72 区域 3 中的【新增】,弹出新增窗口,如图 3-73 所示,即可进行新增探测通道操作;选择区域 3 中的任一条数据,点击【修改】,弹出修改窗口,如图 3-74 所示,即可对选中的探测通道进行修改;选择任一条数据,点击【删除】,即可删除该探测通道的信息。

七、系统监控

单把鼠标箭头放在【系统监控】上,显示系统监控子菜单,如图 3-75 所示。

1. 系统监控

系统监控包括网络通道检测和服务器监控。

(1)网络通道检测

①单击图 3-75 中的【系统监控】,弹出系统监控窗口,如图 3-76 所示,单击图 3-76 区域 1 中的【服务器监控】,即可进入服务器监控页面,如图 3-77 所示。

②图 3-76 区域 2 内显示该登录用户所属的铁路局集团公司以及各个分支,点击铁路局集团公司或分支,在区域 3 内显示该铁路局集团公司或分支的网络通道信息,包括序号、中国铁路总公司、网络通道检测、监控中心名称、监控中心 IP、探测站名称、探测站 IP。

图 3-75 系统监控子菜单

③点击图 3-76 区域 3 中的【通道检测】,即可进行操作。

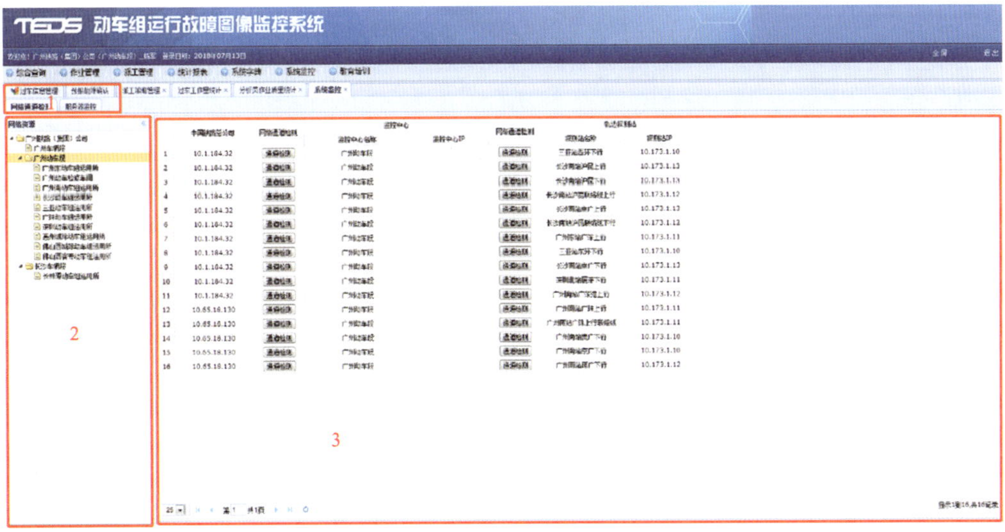

图 3-76 系统监控

图 3-77　服务器监控

(2)服务器监控

点击【存储磁盘】,进入存储磁盘页面,如图 3-78 所示,点击【CPU】,进入 CPU 页面,如图 3-79 所示;点击【内存】,进入内存页面,如图 3-80 所示;点击【网络】,进入网络页面,如图 3-81 所示,点击【数据库表空间】,进入数据库表空间页面,如图 3-82 所示。

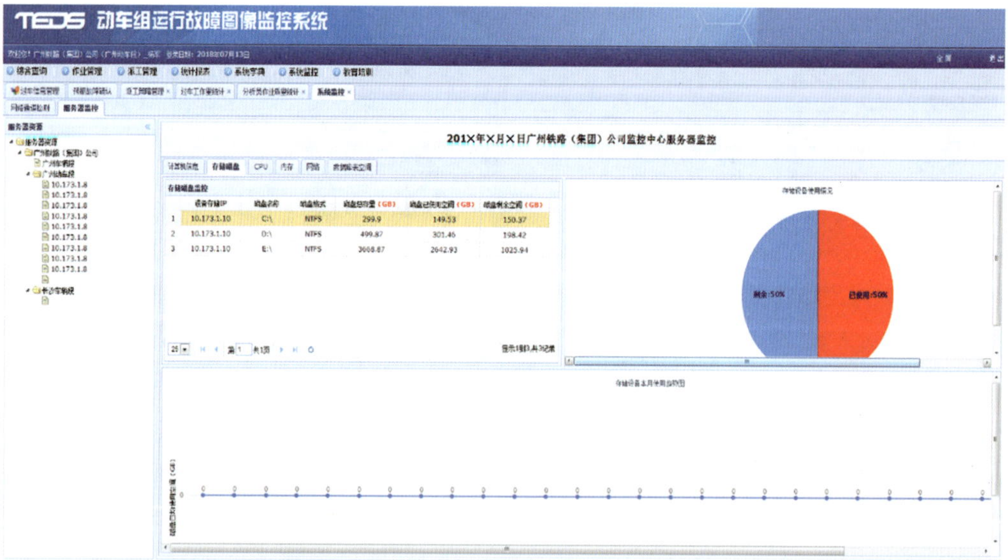

图 3-78　存储磁盘页面

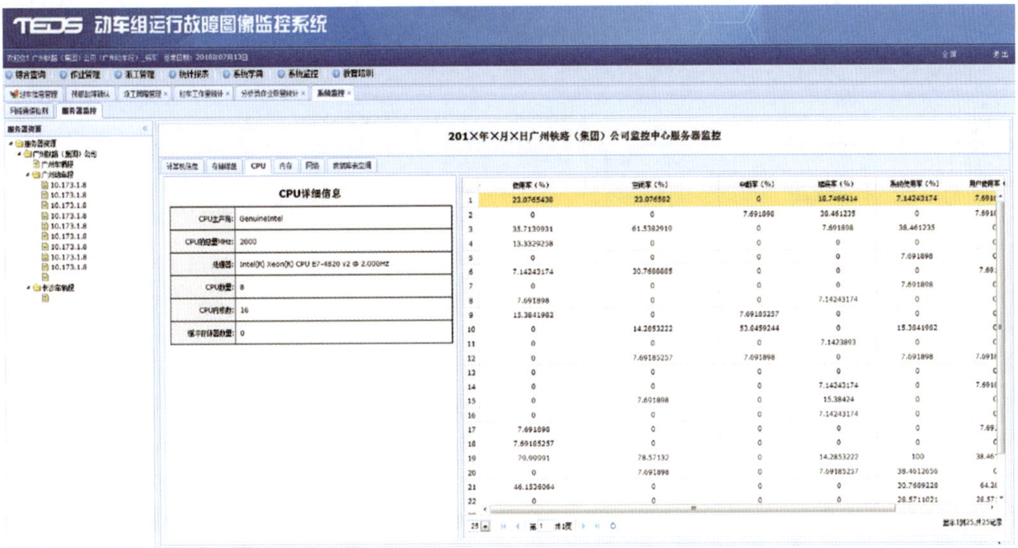

图 3-79　CPU 页面

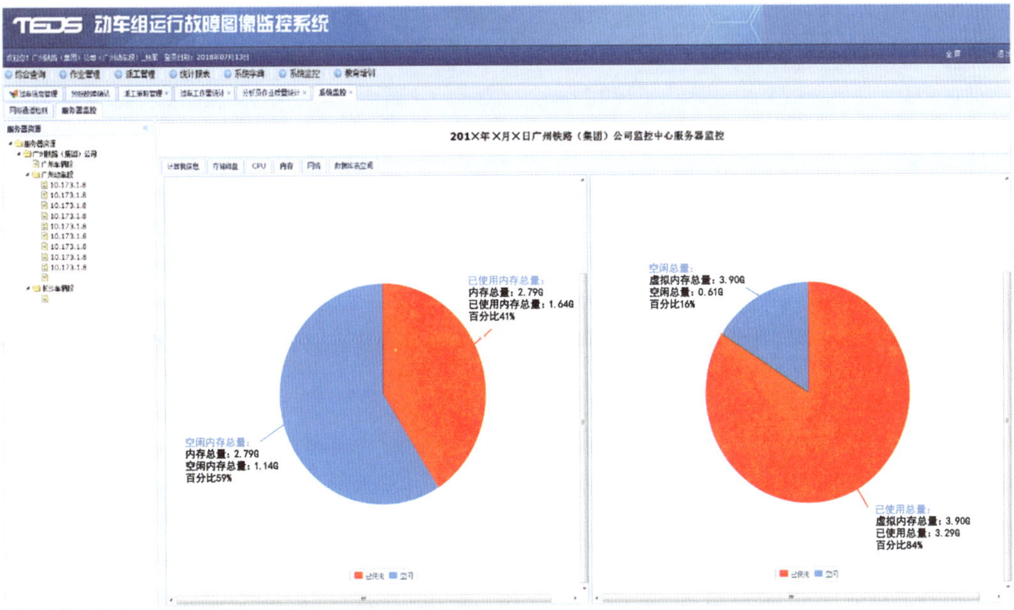

图 3-80　内存页面

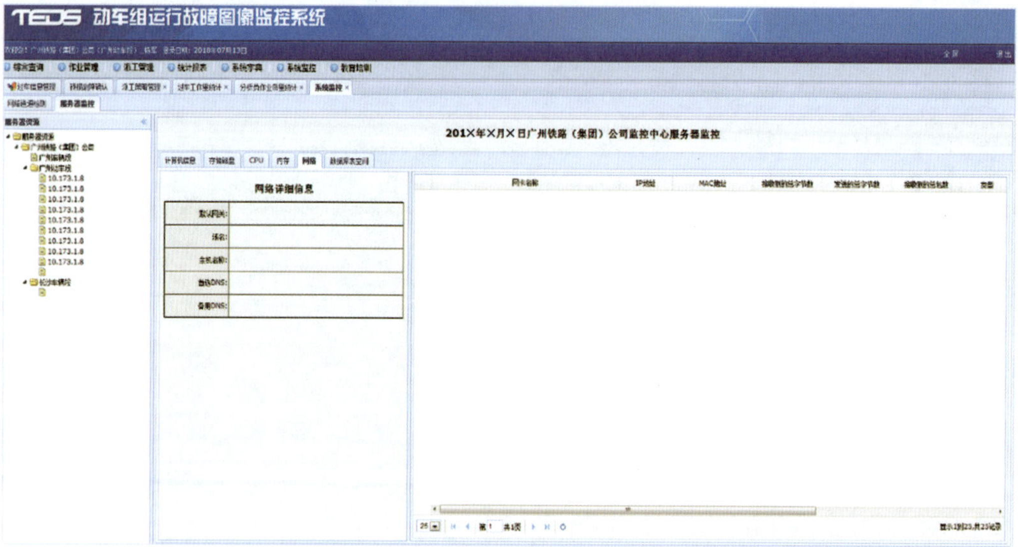

图 3-81　网络页面

图 3-82　数据库表空间页面

2. 过车报文监控

通过过车报文监控可以监控本月通过所选探测站的过车报文详细信息，方便查找报文异常位置。单击图 3-75 中的【过车报文监控】，弹出过车报文监控窗口，如图 3-83 所示。

在图 3-83 区域 1 中选择任一探测站的本月内任一天，区域 2 内显示本日的所有报文的名称和生成时间；单击区域 2 内任一记录，区域 3 显示报文详细内容。

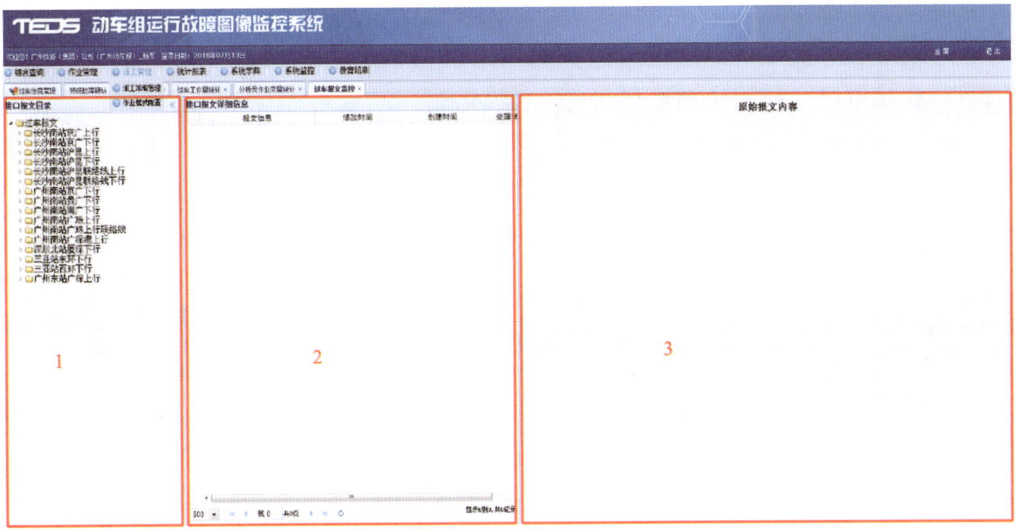

图 3-83 过车报文监控

3. 过车图片监控

通过过车图片监控可以监控本月通过所选探测站的过车图片详细信息，方便查找图片异常位置。

单击图 3-75 中的【过车图片监控】，弹出过车图片监控窗口，如图 3-84 所示。

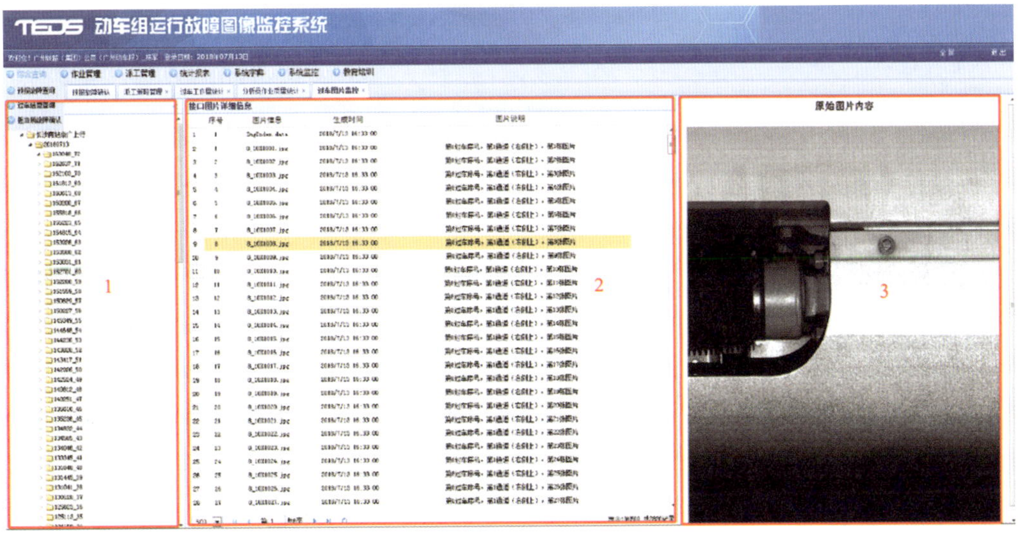

图 3-84 过车图片监控

在图 3-84 区域 1 中选择任一探测站下本月内任一天任一时刻的过车，区域 2 内显示本车辆的图片信息，包括序号、图片信息、生成时间和图片说明；单击区域 2 内任一记录，区域 3 显示图片原图。

4. 设备状态监控

通过设备状态监控可以监控通过探测站的设备状态信息。单击图 3-75 中的【设备状态监控】,弹出设备状态监控窗口,如图 3-85 所示。

在图 3-85 区域 1 中选择探测站(默认全部)、监控内容(默认全部)、设备状态(默认全部)、上报时间(默认无),区域 2 内显示选中探测站的设备状态,包括监控内容、设备序号、设备状态、探测站。

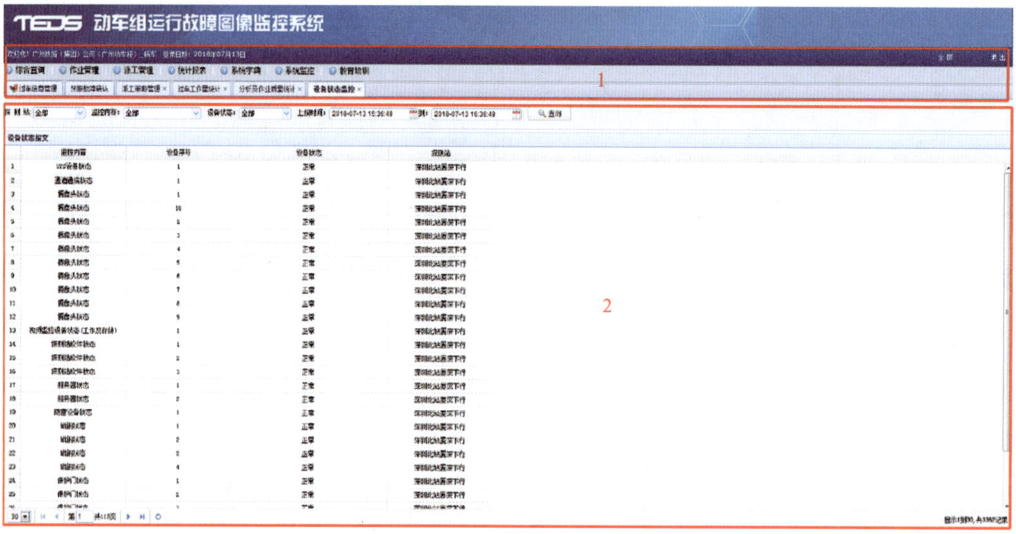

图 3-85　设备状态监控

八、系统管理

把鼠标箭头放在【系统管理】上,显示系统管理子菜单,如图 3-86 所示。

1. 日志查看

日志查看可以查看操作日志、异常日志、监控日志,以便维护人员进行维护。

(1)单击图 3-86 中的【日志查看】,弹出日志查看窗口,如图 3-87 所示。选择图 3-87 区域 1 中的日志分类、日志类型、处理状态、日期,单击【查询】,在区域 2 内显示所查询的日志,包括写日志的时间、日志的种类、日志内容、模块/页面名称、函数名、堆栈信息、写日志的用户、处理情况、处理错误的用户、处理备注。

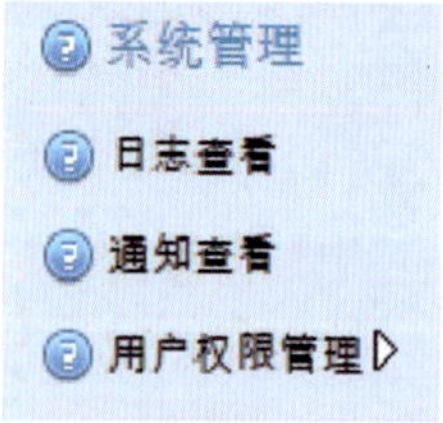

图 3-86　系统管理子菜单

(2)选择图 3-87 区域 2 中的任一条或多条数据,单击区域 1 中的【标记为处理】,弹出标记为处理的对话框,如图 3-88 所示,进行标记操作。

(3)点击图 3-87 区域 2 中的【入库日志】,进入入库日志页面,如图 3-89 所示,点击

【任务日志】,进入任务日志页面,如图 3-90 所示。

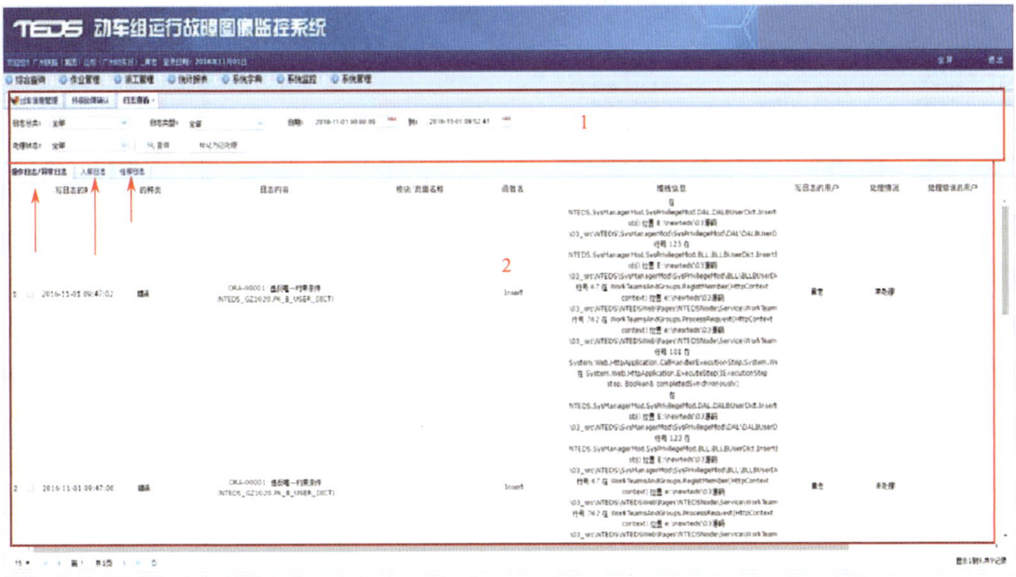

图 3-87　日志查看

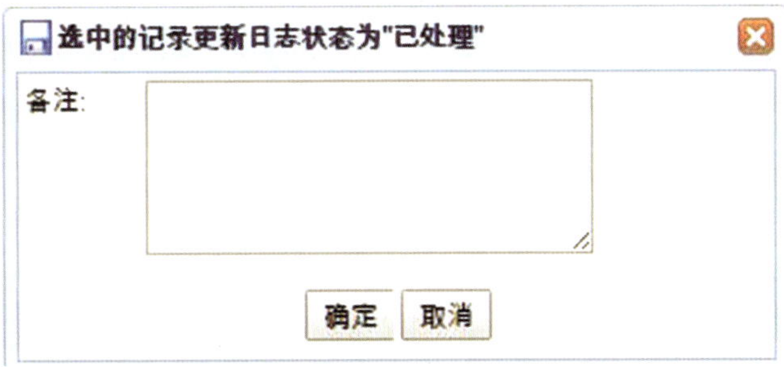

图 3-88　标记操作的数据

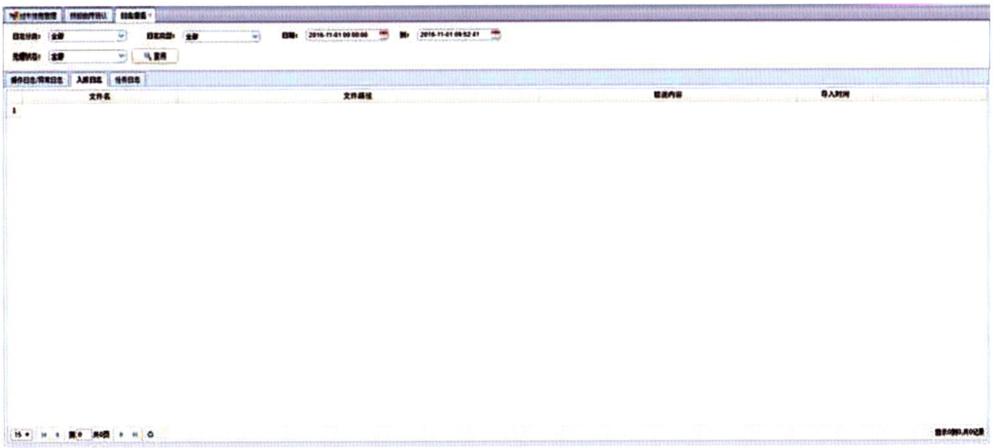

图 3-89　入库日志页面

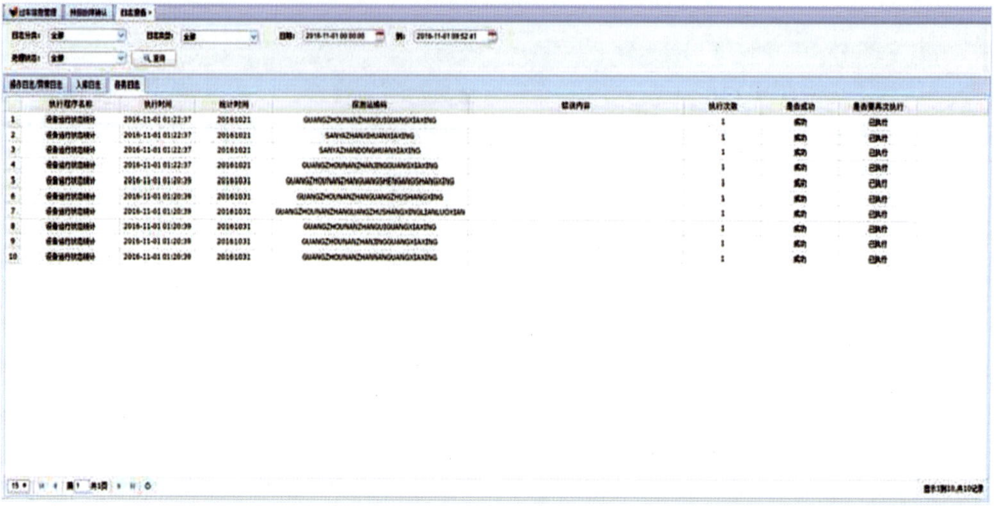

图 3-90　任务日志页面

2. 通知查看

通知查看可以查看系统的通知信息。

(1)单击图 3-86 中的【通知查看】,进入通知查看页面,如图 3-91 所示。选择图 3-91 区域 1 中的筛选、日期,单击【查询】,在区域 2 内显示查询出来的通知信息,包括通知主题、发出通知用户、推送时间、查看标志。

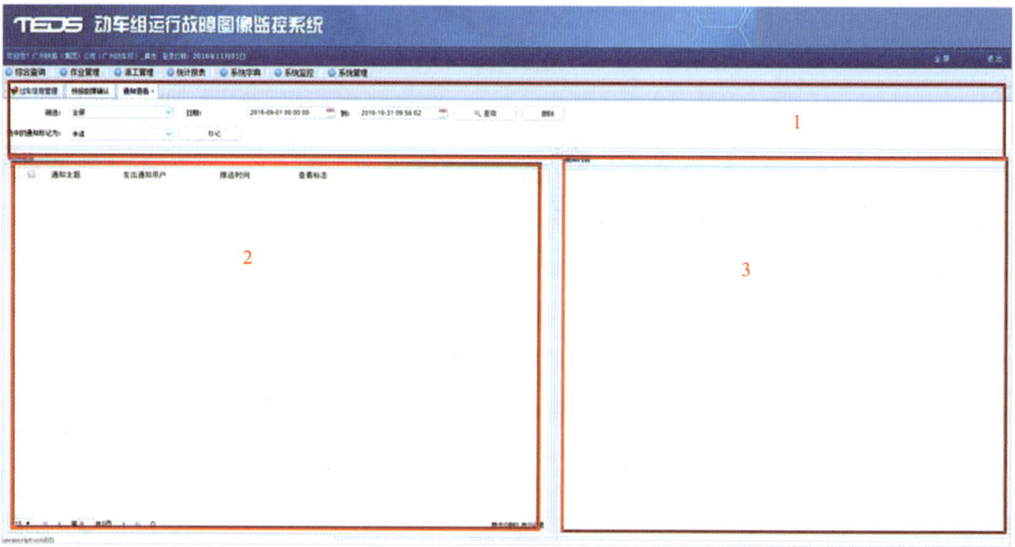

图 3-91　通知查看

(2)单击图 3-91 区域 2 中的任意一条数据,在区域 3 内显示该通知的具体内容,并将未读标记成已读。

(3)选择图 3-91 区域 2 中的任一条或多条数据，选择区域 1 内的选中的通知标记，单击【标记】，即可将区域 2 内选中的数据标记为区域 1 中选中的通知标记的内容。

通知提示方式：右下角弹出小窗口，如图 3-92 所示，显示推送的消息主题列表(只显示数据库中状态为未推送的通知，如果窗口不关闭，新的推送消息追加到页面列表中，窗口关闭或者点击跳转到通知查看页面时将新的推送消息更新为已推送)点击跳转到通知查看页面链接以后，打开通知查询页面，并且关闭通知窗口。

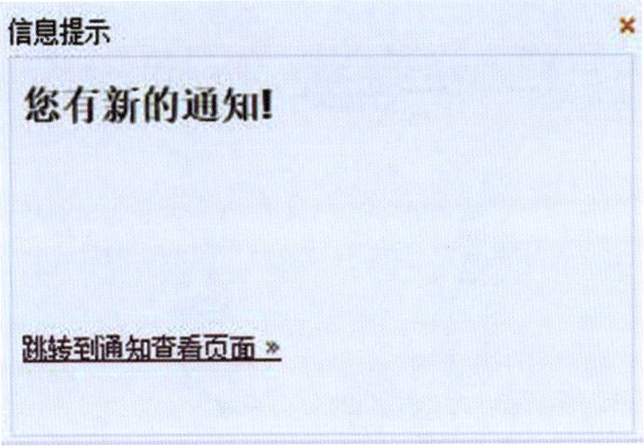

图 3-92　推送的消息主题列表

3. 用户权限管理

用户权限管理对所有用户进行管理。把鼠标箭头放在图 3-86 中的【用户权限管理】上，出现用户权限管理的下拉列表，如图 3-93 所示。

(1) 用户管理

用户管理是对所有用户进行查看，并对其进行操作。

图 3-93　用户权限管理的下拉列表

①单击图 3-93 上的【用户管理】，进入用户管理页面，可以填写用户编码和用户名称，支持单个查询功能，单击【查询】，在右侧显示详细列表，显示要查询的用户，包括用户编码、用户名称、联系方式、身份证号、启用状态、备注。

②单击用户管理页面内的【新增】，弹出新增窗口，如图 3-94 所示，进行新增操作。可选择用户管理页面内的任一条数据，单击【修改】，弹出修改窗口，如图 3-95 所示，对选择的用户进行修改操作。选择一条数据，单击【删除】，可以删除选择的用户。任选一条数据，单击【分配角色】，进入分配角色页面，即可为该用户分配角色。任选一条数据，单击【重置密码】，可进行重置密码操作。

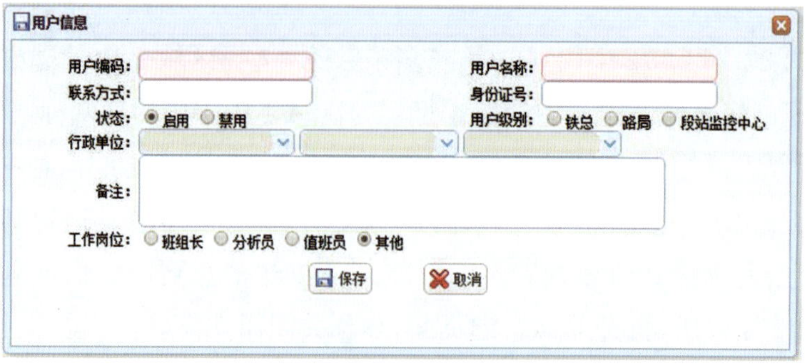

图 3-94　新增用户

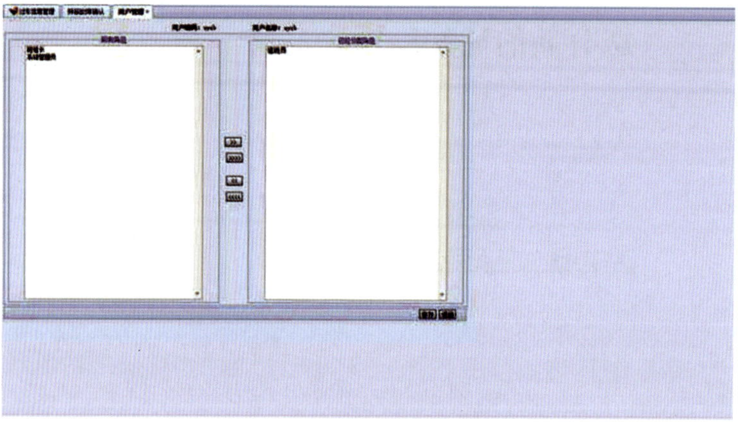

图 3-95　对选择的用户进行修改

(2) 角色管理

①单击图 3-93 上的【角色管理】，进入角色管理页面。可以填写角色编码和角色名称，支持单个查询角色信息，单击【查询】，便可显示查询的角色信息，包括选择、角色编码、角色名称、功能描述、角色状态。

②单击角色管理页面内的【新增】，进入新增页面，如图 3-96 所示，可以进行新增角色操作。选中角色管理查询内的任意一条数据，单击【修改】，进入修改页面，可进行修改操作。选中其中一条数据，单击【分配权限】，可进入分配权限页面，如图 3-97 所示，为该角色分配权限。选中一条数据，单击【删除】，可删除选中的角色。

图 3-96　角色新增

图 3-97 角色分配权限界面

第四节 局级系统操作说明

一、登　　录

1. 打开浏览器,输入服务器地址,进入登录界面,如图 3-98 所示。

2. 单击【修改密码】,可以修改本用户的密码,如图 3-99 所示。输入用户名、原始密码、新密码、并确认新密码后,点击【确定】,提示修改成功。

3. 单击【登录】就进入局级系统,如图 3-100 所示。

图 3-98　局级登录

图 3-99　局级用户修改密码

图 3-100　局级系统主界面

图 3-100 区域 1 为导航菜单区，本系统共有报警处置、统计报表、系统字典和综合查询四个模块。把鼠标放在菜单模块上可在下方显示本功能包括的子菜单。

图 3-100 区域 2 为主功能区，显示各级功能窗口，进入主页面后区域 2 显示报警监控页面。

(4)单击图 3-100 右上方【退出】进行退出，重新进入登录界面，单击【全屏】进入全屏模式。

二、报警处置

本模块可查询报警监控和报警信息处置。把鼠标箭头放在【报警处置】上，显示报警处置的子菜单，如图 3-101 所示，子菜单中有报警监控和报警信息处置。

1. 报警监控

单击图 3-101 中的【报警监控】，主功能区弹出报警监控窗口(进入主页面后即显示此页面)，如图 3-102 所示。

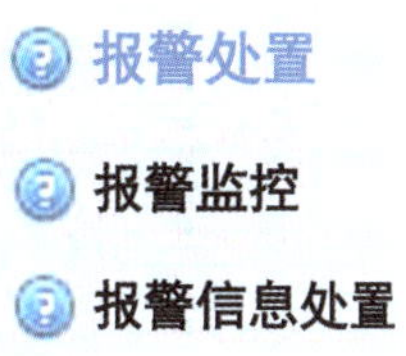

图 3-101　报警处置

(1)在图 3-102 区域 1 中选择路局集团公司、探测站，填写车组号，单击【查询】，在区域 2 内显示今日过车信息，包括序号、检测站、过车时间、车组、车型、车次、复示。双击任意一条数据的 ，弹出该过车信息的图片。

(2)图 3-102 区域 3、区域 4 显示距离下次刷新时间，每隔 120 s 自动刷新一次。用户也可随时单击按钮刷新，进行手动刷新保证界面显示最新信息。

(3)图 3-102 区域 3 显示当前用户所属路局集团公司当前日期的报警时间，包括序号、操作、车组、车次、过车时间、当前状态、复示。双击任意一条数据的▣,弹出该报警信息的图片。

(4)双击图 3-102 区域 3 中的任意一条数据的▣,弹出页面如图 3-103 所示。

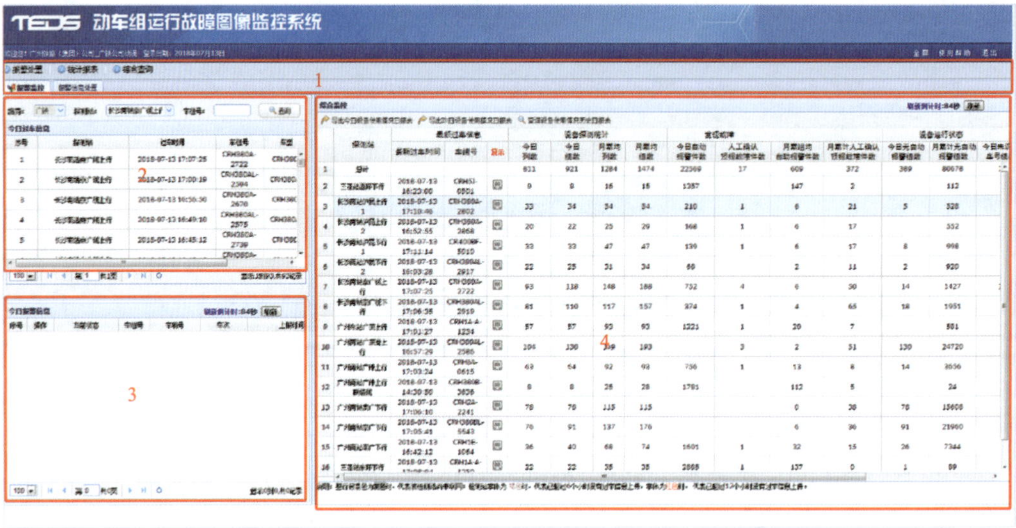

图 3-102　报警监控

图 3-103　报警监控详情

(5)图 3-103 区域 5 为区域 3 中选择的数据的预报故障信息,包括序号、车辆号、故障部位、故障类型、分析员、处置方式。区域 6 为区域 5 内的预报故障的详细信息。单击区域 6【导出】,可以将该预报故障详细信息导出到 Excel 中。

(6)单击图 3-103 区域 5 中【列车已终到】,弹出列车已终到窗口,如图 3-104 所示,进行确认处理;单击【转给外局动调】,弹出转给外局动调窗口,如图 3-105 所示,将故障调给其他铁路局集团公司处理。

图 3-104　列车终到确认处理

图 3-105　外局动调窗口

(7)图 3-102 区域 4 为当前登录用户所属路局集团公司当前日期的综合监控信息，双击任意一条数据的■，弹出当前选中的信息的图片。单击区域 4 内的【导出今日设备使用情况日报表】，将今日设备使用情况报表导出到 Excel，单击【导出昨日设备使用情况日报表】，将昨日设备使用情况报表导出到 Excel。

(8)单击图 3-102 区域 4 中的【查询设备使用情况历史日报表】，弹出 TEDS 设备运行情况日报页面，如图 3-106 所示。选择图 3-106 区域 7 内的统计日期，单击【查询】，在区域 8 内显示查询内容。单击区域 8 内的【导出】，将当前查询条件查询的内容导出到 Excel 中。

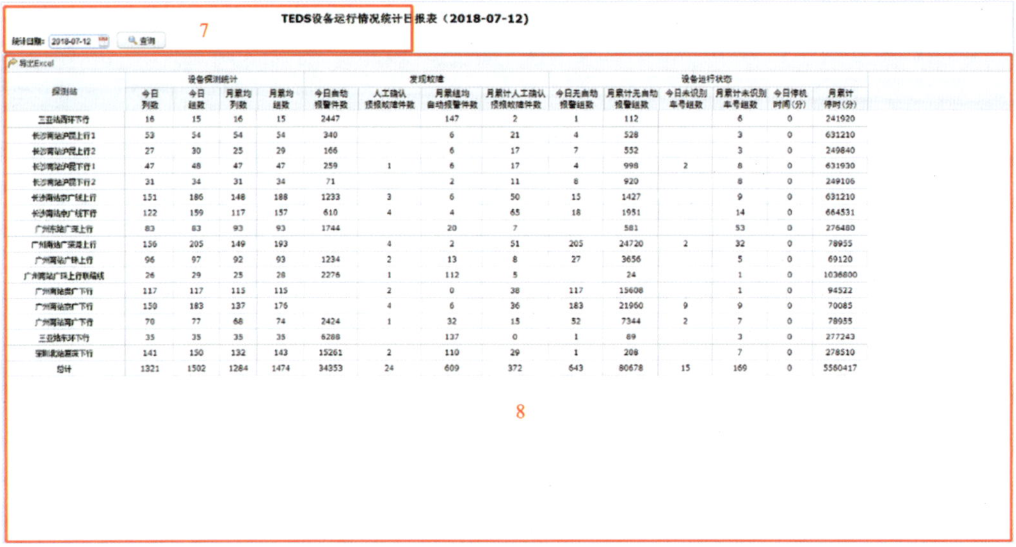

探测站	设备探测统计				发现故障				设备运行状态					
	今日列数	今日组数	月累均列数	月累均组数	今日自动报警件数	人工确认预报故障件数	月累组均自动报警件数	月累计人工确认预报故障件数	今日无自动报警组数	月累计无自动报警组数	今日未识别车号组数	月累计未识别车号组数	今日停机时间(分)	月累计停时(分)
三亚站西环下行	16	15	16	15	2447		147	2	1	112		6	0	241920
长沙南站沪昆上行1	53	54	54	54	340		6	21	4	528		3	0	631210
长沙南站沪昆上行2	27	30	25	29	166		6	17	7	552		3	0	249840
长沙南站沪昆下行1	47	48	47	47	259	1	6	17	4	998	2	8	0	631930
长沙南站沪昆下行2	31	34	31	34	71		2	11	8	920		8	0	249106
长沙南站京广线上行	151	186	148	188	1233	3	6	50	15	1427		9	0	631210
长沙南站京广线下行	122	159	117	157	610	4	4	65	18	1951		14	0	664531
广州东站广深上行	83	83	93	93	1744		20	7		581		53	0	276480
广州南站广深港上行	156	205	149	193		4	2	51	205	24720	2	32	0	78955
广州南站广珠上行	96	97	92	93	1234	2	13	8	27	3656		5	0	69120
广州南站广珠上行联络线	26	29	25	28	2276	1	112	5		24		1	0	1036800
广州南站贵广下行	117	117	115	115		2	0	38	117	15608		1	0	94522
广州南站京广下行	150	183	137	176		4	6	36	183	21960	9	9	0	70085
广州南站南广下行	70	77	68	74	2424	1	32	15	52	7344	2	7	0	78955
三亚站东环下行	35	35	35	35	6288		137	0	1	89		3	0	277243
深圳北站厦深下行	141	150	132	143	15261	2	110	29	1	208		7	0	278510
总计	1321	1502	1284	1474	34353	24	609	372	643	80678	15	169	0	5560417

图 3-106　TEDS 设备运行情况日报页面

(9)点击图 3-103 区域 9 中的【通知本局行调】，弹出通知本局行调窗口，如图 3-107 所示，点击图中的【确定】，弹出报警详细页面如图 3-108 所示，可填写预报故障通知/处置单。

图 3-107　通知本局行调

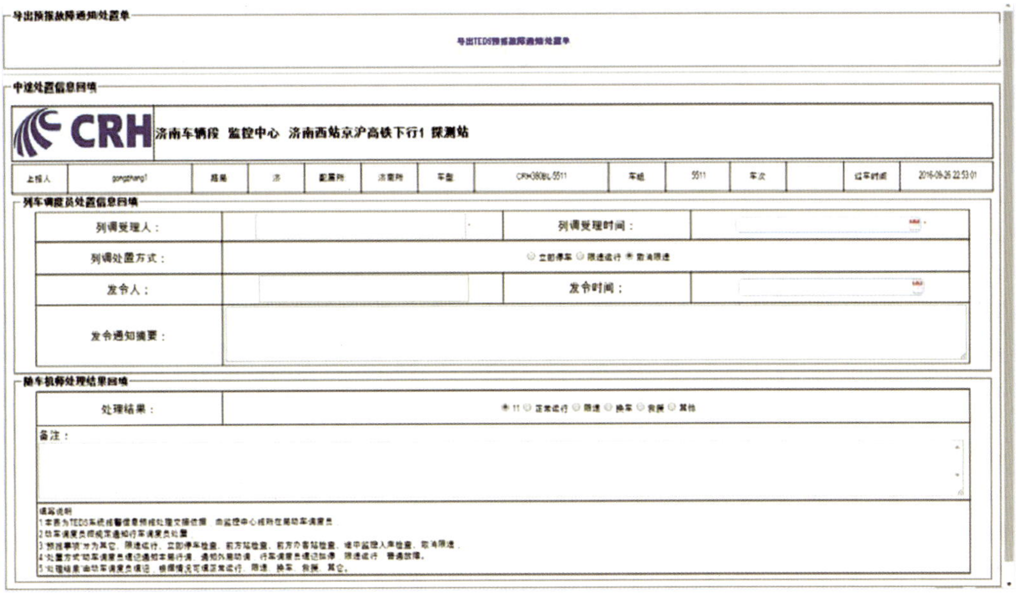

图 3-108　预报故障通知/处置单

(10)如果没有填写预报故障通知/处置单，再点击图 3-102 区域 3 中该条数据的详细信息按钮，则弹出报警详细页面如图 3-108 所示，可填写预报故障通知/处置单。

2. 报警信息处置

单击图 3-101 中的【报警信息处置】，主功能区弹出报警信息处置窗口，如图 3-109 所示。

图 3-109　报警信息处置

(1)本页面显示所有由监控中心上传的未处置的预报故障，包括序号、操作、车组、车次、过车时间、当前状态、复示。双击页面中任意一条数据的▣，即弹出该条故障的报警图片。

(2)双击本页面中任意一条数据的▣，如果预报事项为“途中监控入库检查”并且该故障没有调给外局，弹出预报故障查询页面如图 3-110 所示；如果已调给外局，则弹出页面，如图 3-111 所示。如果预报事项不为“途中监控入库检查”，则弹出页面如图 3-112 所示。

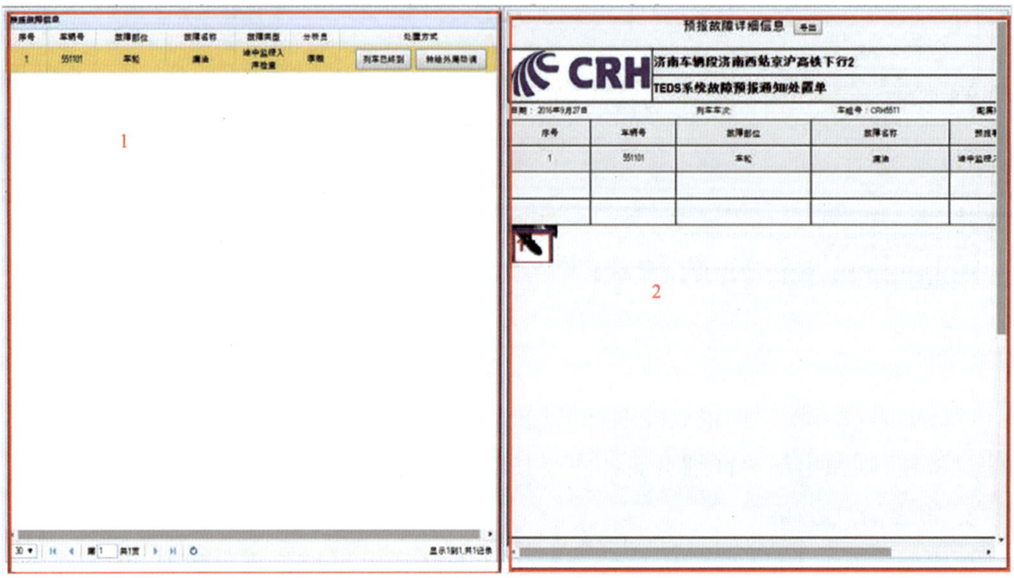

图 3-110　预报故障查询

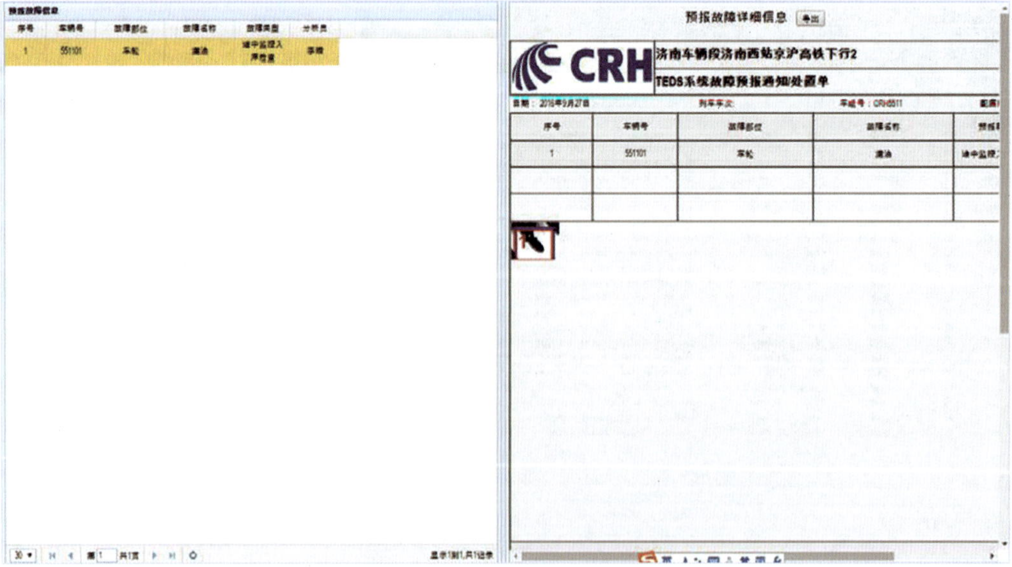

图 3-111　外局预报故障查询

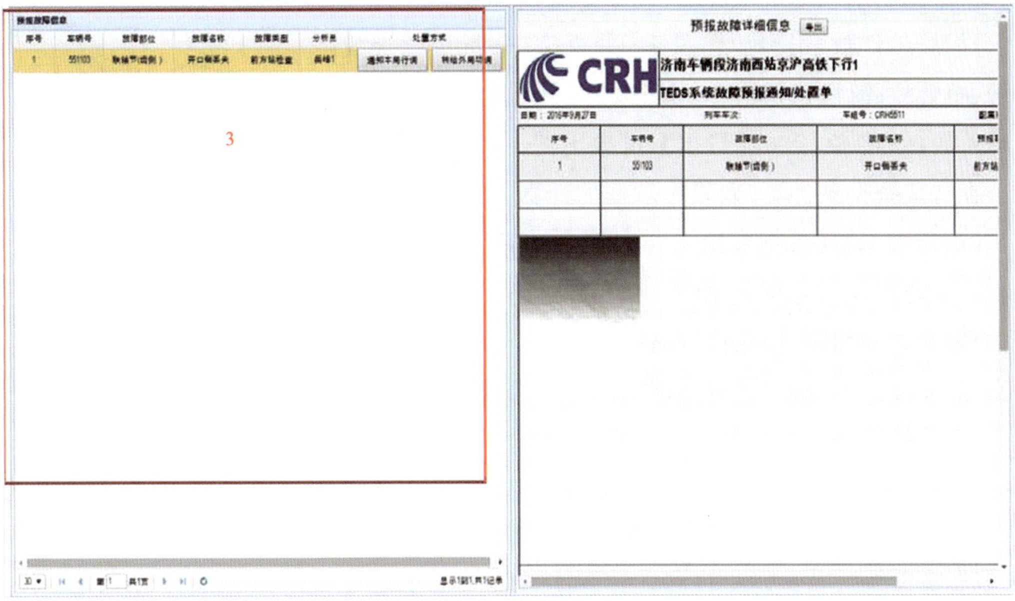

图 3-112　其他预报类型故障

(3)图 3-110 区域 1 为报警信息处置内选择的数据的预报故障信息，包括序号、车辆号、故障部位、故障类型、分析员、处置方式，区域 2 为区域 1 内的预报故障的详细信息。单击区域 2【导出】，可以将该预报故障详细信息导出到 Excel 中。

(4)单击图 3-110 区域 1 中【列车已终到】，弹出列车已终到窗口，如图 3-104 所示，进行确认处理；单击【转给外局动调】，弹出转给外局动调窗口，如图 3-105 所示，将故障调给其他路局集团公司处理。

(5)点击图 3-112 区域 3 中的【通知本局行调】，弹出通知本局行调窗口，如图 3-107 所示，点击图中的【确定】，弹出报警详细页面如图 3-106 所示，可填写预报故障通知/处置单。

(6)如果没有填写预报故障通知/处置单，再点击报警信息处置页面内该条数据的 ，则弹出报警详细页面如图 3-106 所示，可填写预报故障通知/处置单。

三、统计报表

把鼠标箭头放在【统计报表】上，显示统计报表的子菜单，如图 3-113 所示。子菜单有 TEDS 系统 4 率统计、设备运行状态统计和预报故障统计三项。

1. TEDS 系统 4 率统计

单击图 3-113 中【TEDS 系统 4 率统计】，在主功能区弹出 TEDS 系统 4 率统计窗口，如图 3-114 所示。在图 3-114 区域 1 中选择报表类型后，区域 2 显示查询信息，包括探测站名称、系统故障停机时间、系统理论工作时间、开机率、分析故障件数、报警故障件数、分析率、分析员预报故障件数、报警故障件数、准确率、复核故障件数、“双确认”预报故障件数、复核率。单击【导出】,可导出 Excel 表格。

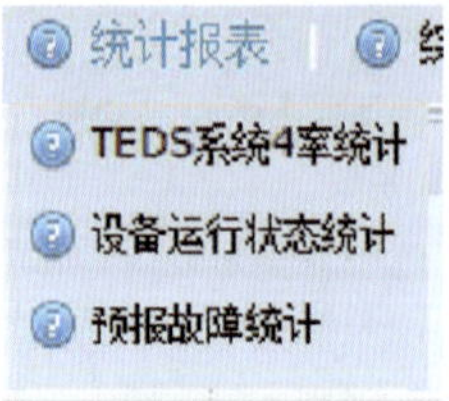

图 3-113　报警信息子菜单

在特定查询条件下,列表中数据的计算方式说明:

(1)开机率=(系统理论工作时间和－系统故障停机时间和)/系统理论工作时间和×100%。时间以分钟为单位,“系统理论时间和”不包括检修时间。

(2)准确率=分析员预报故障件数/报警故障件数×100%。

(3)分析率:

自动报警分析率=分析故障件数/报警故障件数×100%。

人工作业分析率=实际分析图片/“双确认”预报故障件数×100%。

(4)复核率=复核故障件数/“双确认”预报故障件数×100%。

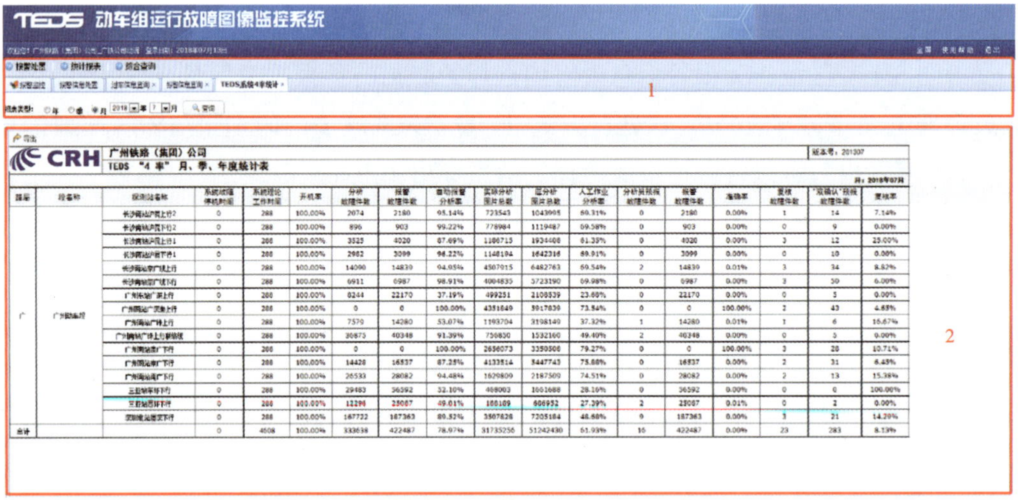

图 3-114　TEDS 系统 4 率统计

2. 设备运行状态统计

设备运行状态统计可方便随时掌握检测设备运行状态,以便及时发现异常,尽快处理,保障设备正常运行,也利于评判厂家设备质量。

单击图 3-113 中【设备运行状态统计】,在主功能区弹出设备运行状态统计窗口,如图 3-115 所示。在图 3-115 区域 1 中选定探测站和过车日期,单击【查询】,区域 2 显示具体查询信息,包括序号、设备厂家、探测站名称、探测总辆数、自动报警总数、自动报警辆均、误报警辆数理论开机时间、实际开机时间、开机率、自动报警分析总数、分析率、报警确认上报数、准确率、总分析时长、辆均、长编列均、短编列均、10 min 完成。单击【导出】，可导出 Excel 表格。注意，每日统计一次设备状态。

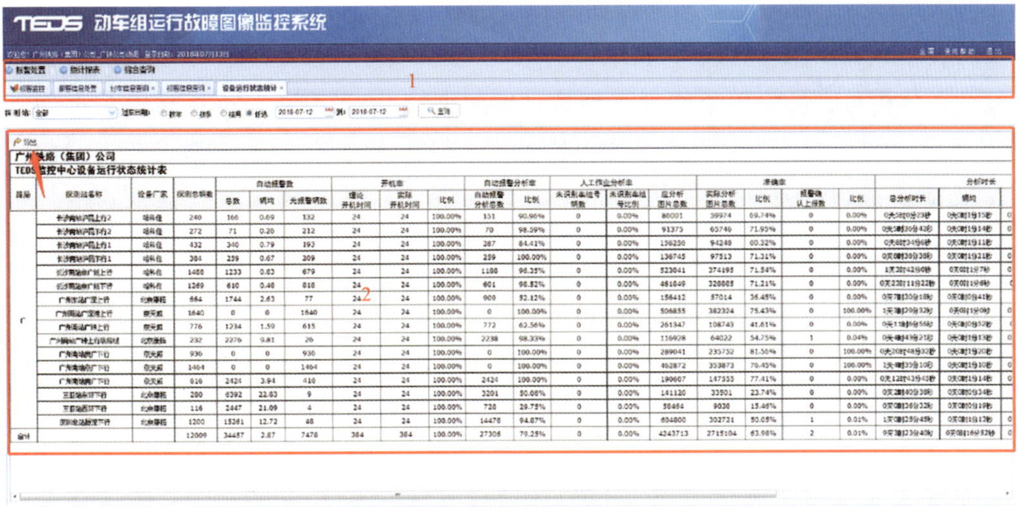

图 3-115　设备运行状态统计

在特定查询条件下，列表中数据的计算方式说明：

(1)探测总辆数：列车车辆总数(异常报文的过车除外)。

(2)自动报警数："总数"表示车辆上的全部报警总数；"辆均"表示每辆车上平均自动报警数，即报警总数除以探测总辆数；"无报警辆数"表示一列没有任何自动报警的过车所包含的车辆数。

(3)开机率："理论开机时间"表示探测站一天(24 h)中除计划停机时间外，应该保持开机的时间(单位：小时)。"实际开机时间"表示探测站在"理论开机时间"内，实际开机了多少小时，实际开机时间是按照探测站按照固定时间间隔上传到监控平台服务器的状态报文统计计算出的，如果在"理论开机时间"内存在相邻的两个状态报文上传时间差大于 30 min 的，则将在"理论开机时间"内减去这两个报文上传的实际总时间差，在减去全部上传时间间隔大于 30 min 的时差后，剩余的时间为"实际开机时间"。"比例"表示"实际开机时间"除以"理论开机时间"的百分比。

(4)分析率："自动报警分析总数"表示自动报警总数中，分析员作业分析过的报警数量，也就是除"未确认"状态以外的全部自动报警数量；"比例"表示"自动报警分析总数"除以自动报警总数的百分比。

(5)准确率："报警确认上报数"表示自动报警总数中，分析员确认为真实故障的自动报警，也就是被分析员置为"报警"状态的自动报警，在被工长确认为真实故障并上报到铁路总公司的自动报警数；"比例"表示"报警确认上报数"除以自动报警总数的百分比。

(6)分析时长:“总分析时长”表示分析员分析当天某探测站全部过车的时间总长(从过车时间到作业完成时间的时间跨度之和);“辆均”表示每辆车的平均分析时长,即“总分析时长”除以“探测总辆数”;“长编列均”表示分析员分析长编车平均每列所花时长,即长编列车分析总时长除以长编列车列数;“短编列均”表示分析员分析短编车平均每列所花时长,即短编列车分析总时长除以短编列车列数;“10 min 完成”表示作业时间跨度小于 10 min 的列车数。

3. 预报故障统计

预报故障统计可以获取报警信息情况。

(1)单击图 3-113 中【预报故障统计】,在主功能区弹出预报故障统计窗口,如图 3-116 所示。选择图 3-116 区域 1 中的过车时间,点击查询,即可在区域 2 内显示查询的预报故障信息,包括路局集团公司、探测站、报警件数、运用所确认件数、作废数、确认已处理数、检修已复核数、过车数、报警车组数、报警车辆数。点击图 3-116 区域 2 内的【导出】,即可将该查询条件查询的数据导出到 Excel。

图 3-116 预报故障统计

(2)点击图 3-116 区域 2 中任一条数据的报警件数、运用所确认数、作废数、确认已处理数或检修已复核数,弹出该探测站的报警信息,如图 3-117 所示,点击导出,即可将该探测站的报警信息导出到 Excel。

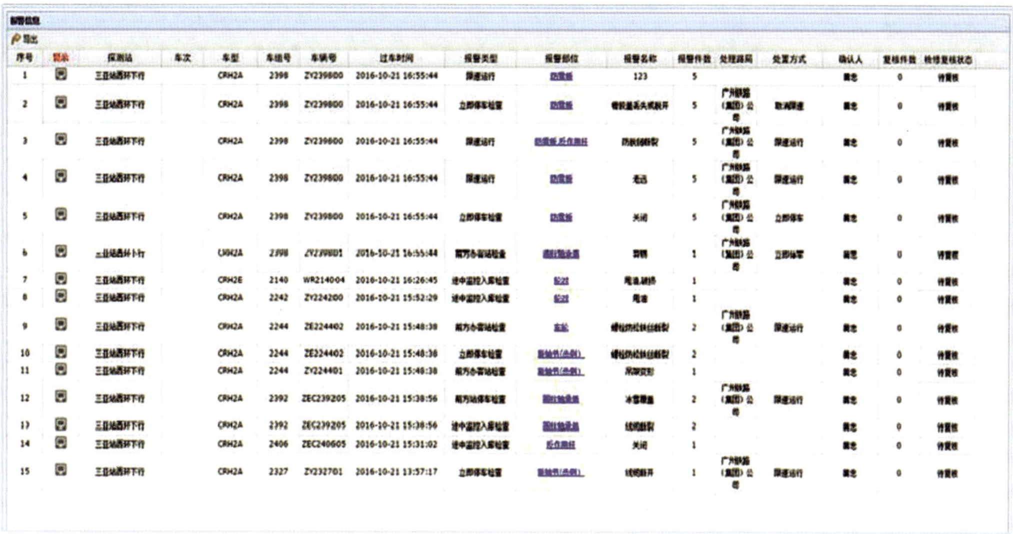

图 3-117　报警信息

四、系统字典

把鼠标箭头放在【系统字典】上，显示系统字典子菜单，如图 3-118 所示。

组织机构字典

组织机构字典可以查看所有铁路局集团公司以及各个铁路局集团公司下的段和监控中心等分支。

图 3-118　系统字典子菜单

(1)单击图 3-118 中的【组织机构字典】，在主功能区弹出组织机构字典窗口，如图 3-119 所示。在图 3-119 区域 1 中填写单位编码和单位名称，单击【查询】，在区域 2 内显示查询的组织机构信息，包括单位编码、单位名称、单位简称、单位类型编码、所属上级单位编码、可用状态、排序 ID、所属路局集团公司、IP。

(2)点击图 3-119 区域 3 中的任意一个铁路局集团公司或者该路局集团公司下的任意一个分支，即可在区域 2 内显示所选择的分支下的所有分支的组织机构信息。

(3)单击图 3-119 区域 2 内的【新增】，弹出组织机构信息窗口，如图 3-120 所示，可进行添加操作；选择区域 2 内的任一条数据，点击【修改】，弹出组织机构信息窗口，如图 3-120 所示，可进行修改操作；任选一条数据，点击【删除】，即可删除选中的数据。

图 3-119　组织机构字典窗口

图 3-120　组织机构信息

五、综合查询

图 3-121　综合查询子菜单

把鼠标箭头放在【综合查询】上，显示综合查询的子菜单，如图 3-121 所示。

1. 日志查看

日志查看可以查看操作日志、异常日志、监控日志，以便维护人员进行维护。

(1)单击图 3-121 中的【日志查看】，可以弹出日志查看窗口。选择日志分类、日志类型、处理状态、日期，都可供查询，单击【查询】，即可显示需要查询的日志，包括写日志的时间、日志的种类、日志内容、模块/页面名称、函数名、堆栈信息、写日志的用户、处理情况、处理错误的用户、处理备注等。

(2)选择【日志查看】的任一条或多条数据,单击【标记为处理】,可弹出标记为处理的对话框,如图 3-122 所示,便于进行标记操作。

(3)点击【日志查看】内的【入库日志】,进入入库日志页面,如图 3-123 所示;点击【任务日志】,进入任务日志页面,如图 3-124 所示。

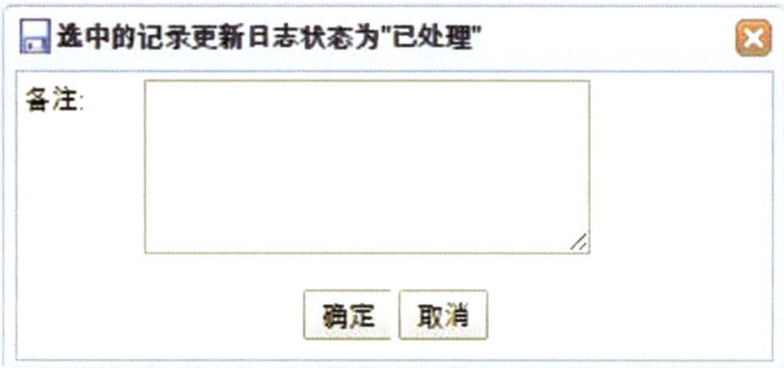

图 3-122　标记为已处理的日志状态

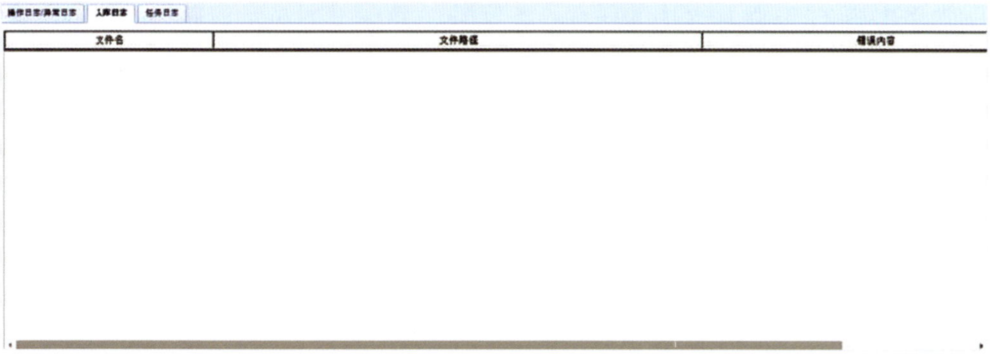

图 3-123　入库日志页面

图 3-124　任务日志页面

2. 通知查看

通知查看可以查看系统的通知信息。

(1)单击图 3-121 中的【通知查看】,进入通知查看窗口,如图 3-125 所示。在图 3-125 区域 1 中选择筛选、日期,单击【查询】,在区域 2 内显示查询出来的通知信息,包括通知主题、发出通知用户、推送时间、查看标志。

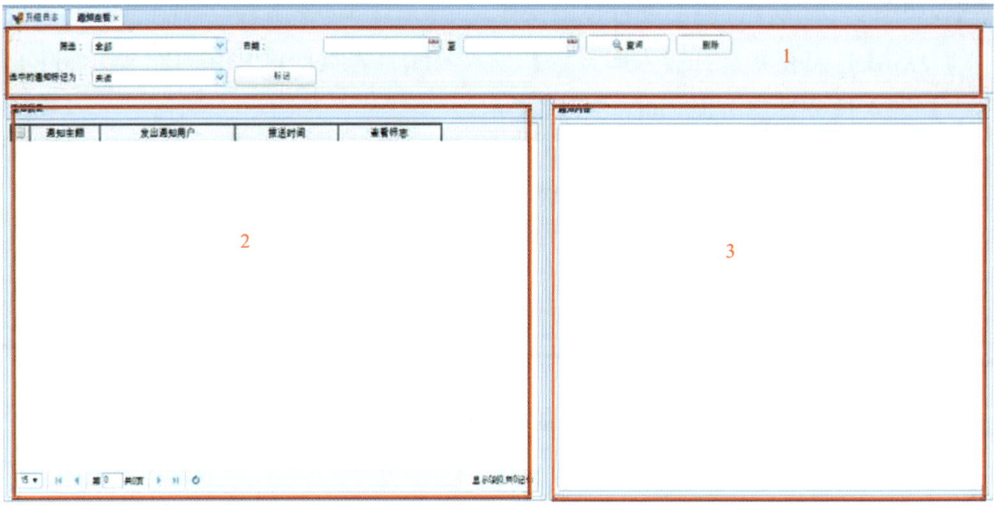

图 3-125　通知查看

(2)单击图 3-125 区域 2 中的任意一条数据,在区域 3 内显示该通知的具体内容,并将未读标记成已读。

(3)选择图 3-125 区域 2 中的任一条或多条数据,选择区域 1 内的选中的通知标记,单击【标记】,即可将区域 2 内选中的数据标记为区域 1 中选中的通知标记的内容。

(4)通知提示方式:右下角弹出小窗口,如图 3-126 所示,显示推送的消息主题列表(只显示数据库中状态为未推送的通知,如果窗口不关闭,新的推送消息追加到页面列表中,窗口关闭或者点击跳转到通知查看页面时将新的推送消息更新为已推送),点击跳转到通知查看页面链接以后,打开通知查询页面,并且关闭通知窗口。

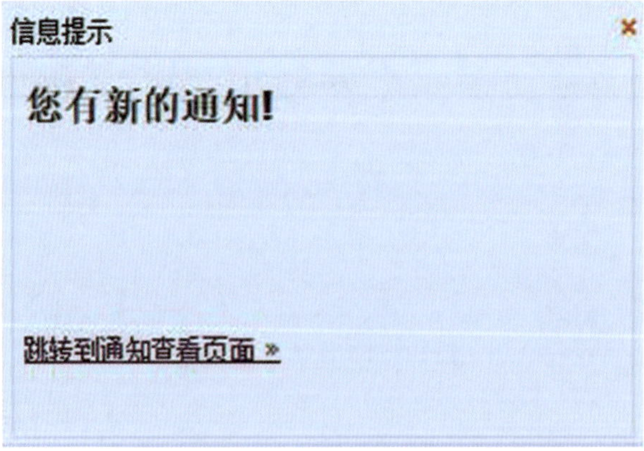

图 3-126　新的通知界面

3. 过车信息查询

过车信息查询主要实现组合条件下对通过探测站的列车信息、作业状态和图片信息的查询。过车信息是通过探测站过车列车报文获取。

（1）单击图 3-121 中【过车信息查询】，在主功能区弹出过车信息查询窗口，如图 3-127 所示。

图 3-127 过车信息查询

在图 3-127 区域 1 中选择检测路局集团公司、探测站（默认全部）、车组号、作业状态、作业模式、车次、过车时间，点击查询，查询所选日期的过车信息，在区域 2 显示过车信息，包括复示、过车时间、探测站、公里标、过站顺序、作业状态、车组号、是否重点过车、是否过车甩站、车型、配属局、配属所、运行方向、总辆数、平均车速、最高车速、最低车速信息。其中，重点过车是组长根据上级下发的重点列车名单或根据实际情况设置的需要重点查看的列车，若状态是“重点”，则系统会优先派工，并在图片周围标有红线提醒分析员重点查看；过车甩站是当同一列车先后经过两个距离较近的探测站，运行状态一般不会有大的变化，无需在第二个探测站查看，则组长可设定为“甩车”，系统对其在本探测站的数据不进行派工；作业状态有未派工、派工中、已派工、作业中、已作业、报文异常和超期积压七种。

（2）双击任一行的【复示】，弹出分析员操作窗口，可以查看整列车的图片。双击任一行的【车型】或【配属局】或【配属所】，弹出列车配属信息窗口，如图 3-128 所示。

4. 报警信息查询

（1）单击图 3-121 中的【报警信息查询】，在主功能区弹出报警信息查询窗口，如图 3-129 所示。在图 3-129 区域 1 中选择车型、车组号、检测站、担当所复核状态、检修状态、报警类型、受理局、过车时间,单击【查询】,在区域 2 内显示要查询的报警信息,包括序号、复示、探测站、车次、车型、车组号、车辆号、过车时间、报警类型、报警部位、报警名称、报警件数、处理路局集团公司、处置方式、确认人、复核件数、检修复核状态。

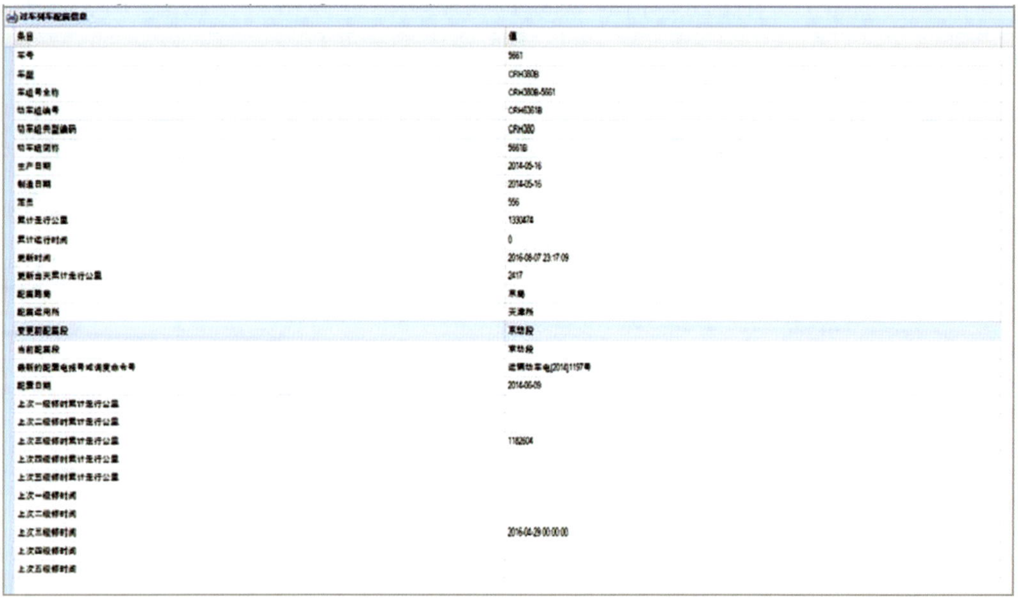

图 3-128　列车配属信息窗口

图 3-129　报警信息查询

(2)双击图 3-129 区域 2 内的任一条数据中的,弹出选中报警信息的故障图片。

(3)单击图 3-129 区域 2 中任一条数据的报警部位,弹出选中数据的报警信息详细,如图 3-130 所示。图 3-130 区域 4 内显示区域 2 内选中的数据的预报故障信息，包括序号、车辆号、故障部位、故障名称、故障类型、分析员。

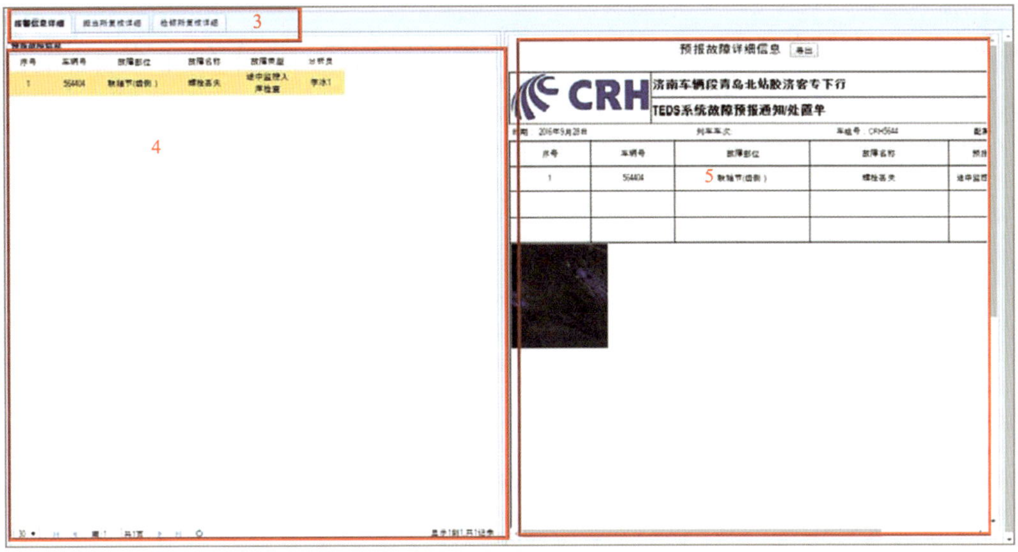

图 3-130 报警信息详细

(4)图 3-130 区域 5 内显示区域 4 内数据的详细信息，单击区域 5 中的【单击】，把预报故障详细信息导出到 Excel 中。

(5)单击图 3-130 区域 3 中的【担当所复核详细】，转到该条数据的担当所复核详细页面，如图 3-131 所示；单击【检修所复核详细】，转到检修所复核详细页面，如图 3-132 所示。

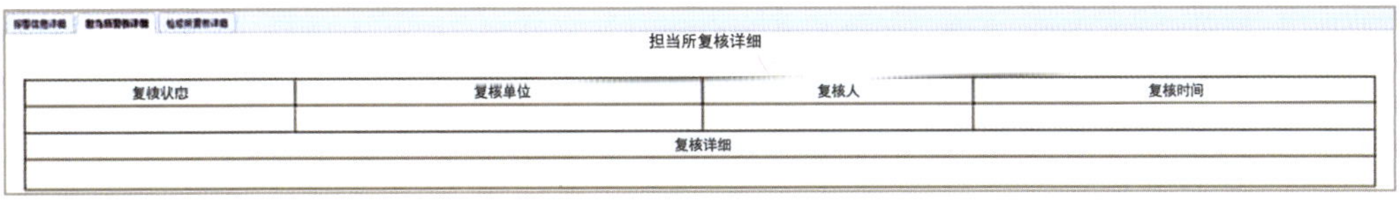

图 3-131 担当所复核详细页面

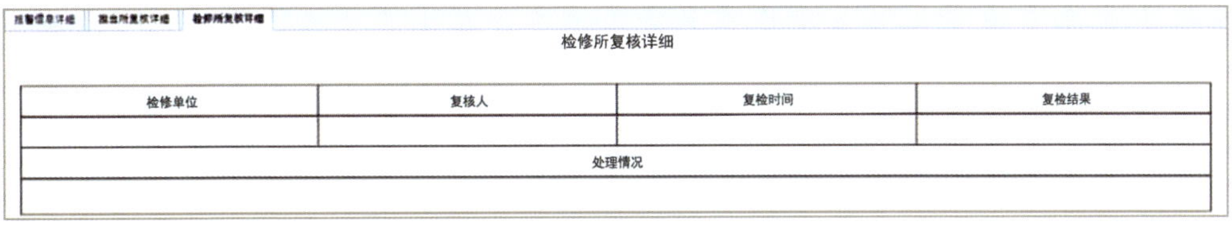

图 3-132 检修所复核详细页面

复习思考题

1. 简述TEDS的系统功能和运行环境。
2. 简述分析员接车、分析、预报、交车、交班作业流程。
3. 简述管理人员作业管理的七项内容。
4. 要根据车型改变派工策略,应如何操作?
5. TEDS的4率是什么?
6. TEDS系统统计报表可作哪些参考统计?

第四章　TEDS 运用管理

动车组运行故障图像检测系统(TEDS)利用在轨边安装线阵和面阵摄像头,采集运行动车组制动系统配件、制动供风管路、构架、摇枕等悬吊件、车端连接、车体两侧裙板、轮对踏面、联轴节、齿轮箱等传动部件等图像,同时利用机器学习神经网络自动识别技术,对图像关键部件进行自动异常分析预警,为人工分析提供核判依据,是动车组地对车安全监控的重要手段。

TEDS 运用实行分级管理。铁路总公司负责 TEDS 的布局规划,制定 TEDS 运用管理办法;铁路局集团公司是 TEDS 设备运用管理的责任主体,负责组织 TEDS 设备设施建设,制定 TEDS 运用管理细则并监督实施;动车(客车)段负责 TEDS 运用管理,制定 TEDS 运用作业指导书,并承担日常运用管理责任。

第一节　TEDS 运用管理的相关规定

一、人员管理

(1)铁路局集团公司应设置专(兼)职人员负责 TEDS 的运用安全管理工作。动车(客车)段应设置专职人员负责 TEDS 工作的日常运用管理;TEDS 集中监控中心原则上应设置在动车(客车)段。动车组分析作业时,短编(8 辆编组)由 1 个作业小组实施,长编(16 辆编组)由 2 个作业小组实施。作业班次及作业小组数量由铁路局集团公司根据车流密度和图像分析工作量确定。每班次配备 TEDS 作业组长和分析员,保证通过 TEDS 动车组监控数据在 15 min 内完成分析确认。

(2)TEDS 作业人员须具有大专及以上文化程度,通过动车组机械师资格性培训,且应具有 1 年及以上地勤机械师工作经历,熟练掌握动车组转向架、制动装置、牵引传动装置、轮对组成、车端连接装置等结构,具备一定的计算机技术知识,工作责任心强,身体健康。

(3)TEDS 作业人员上岗前,由铁路局集团公司组织岗前资格性培训,考核合格后,在已持有的《高速铁路岗位培训合格证(CRH)》上填记“TEDS 作业人员岗前资格性培训合格”。上岗后每年考核一次,考核结果记载在《高速铁路岗位培训合格证(CRH)》的

“适应性培训栏”。同时铁路局集团公司要根据管内 TEDS 检测动车组车型变化情况，及时开展适应性培训，以满足图像分析要求。

二、作业条件

(1)TEDS 集中监控中心应设有监控室、学习室、更衣室、间休室和服务器机房。每套 TEDS 设备至少配置 4 台监控终端，每台监控终端占用面积不少于 3 m^2，监控室面积根据监控终端数量进行设置。

(2)TEDS 集中监控中心监控室应铺设防静电地板，配备空调设施、液晶显示屏、传真机、复印机、激光彩色打印机及具备录音功能的铁路直拨电话、市话直拨电话、与铁路局集团公司动车调度员直通电话等办公设备。

(3)动车调度台须设置复示终端。

三、管理制度

1. TEDS 集中监控中心应建立以下管理制度：

(1)TEDS 作业人员岗位职责；

(2)TEDS 作业人员交接班制度；

(3)TEDS 作业人员考勤制度；

(4)TEDS 作业人员教育培训制度；

(5)TEDS 检测故障统计分析制度；

(6)记录管理制度；

(7)文明生产制度；

(8)计算机及网络安全管理制度；

(9)干部检查制度；

(10)轨边设备检修及操作安全管理制度。

2. TEDS 集中监控中心应建立以下记录：

(1)TEDS 检测故障记录；

(2)TEDS 集中监控中心交接班记录；

(3)TEDS 4 率月季、年度统计表；

(4)TEDS 预报故障通知/处置单。

四、运用验收

(1)TEDS 设备安装调试完成后可进行试运行。试运行前铁路局集团公司应建立相应制度、记录，做好人员配备、培训，并发文予以公布，抄送总公司运输局、相关铁路局集团公司。在试运行期间TEDS预报故障的处置，比照TEDS正式使用情况处理；同时铁路局集团公司动车调度员须与TEDS集中监控中心随车机械师加强联系，确保故障及时处置。

(2)TEDS正式投入使用前，铁路局集团公司须组织运用验收。运用验收工作应在设备验收合格、服务及配件供应。在设备试运行3个月后，检查验收机构设置、人员配备、管理制度、表报记录等是否符合要求。

(3)运用验收合格后铁路局集团公司应发文予以公布，并报总公司运输局备案，抄送相关铁路局集团公司。未经铁路局集团公司批准，任何单位或个人不得擅自改动TEDS设备及软件，否则追究相关部门管理责任。

(4)TEDS自动报警功能通过审查验证后方可投入正式使用。审查验证工作由铁路局集团公司负责组织会同中国铁道科学研究院集团有限公司(以下简称铁科院)进行，通过验证后，由铁科院出具自动报警模块验证报告。铁路局集团公司负责组织TEDS统型设备加装自动报警模块，应保证通过验证的自动报警模块及时投入使用。

五、作业要求

(1)安装在营业线上的TEDS负责对通过探测站的动车组进行监测，监测范围为动车组底板、裙板、车端连接、转向架(含牵引传动装置)可视部位。

(2)TEDS集中监控中心对通过TEDS探测站的动车组监控数据进行分析作业，当动车组连续通过同一枢纽地区多个TEDS探测站(探测站间隔小于100 km)时，可只进行一次TEDS分析作业。

(3)对于实现自动报警功能的部位对报警信息进行分析；对于未实现自动报警功能的部位，或自动报警功能不能正常使用时，采用人工分析的作业方式。根据TEDS发现故障的不同等级，采取立即停车检查、前方站检查、前方办客站检查、途中监控入库检查、限速运行或取消限速的处置方式，具体检查范围及处置方式按相关规定。其中限速运行或取消限速，按照相关应急处理要求执行。

(4)遇到以下情况时须限速运行，其中无砟轨道区段限速250 km/h及以下，有砟轨道区段限速200 km/h及以下：

①空气弹簧与转向架构架间隙被冰雪填充；

②轴箱弹簧被冰雪覆盖；

③横向止挡处及中央牵引装置被冰雪覆盖；

④转向架制动夹钳单元被冰雪覆盖。

(5)TEDS分析员应严格按照作业计划进行作业,在接收到动车组TEDS监控数据15 min内须完成分析上报工作,对发现的故障须执行分析员、作业组长“双确认”并及时预报。

(6)TEDS设备故障后应及时报修。

六、预报处置

(1)经“双确认”的故障,对于采取立即停车检查、前方站检查、前方办客站检查、限速运行或取消限速处置方式的情况,TEDS作业组长须立即将故障信息、列车车次、处置方式等预报事项电话通知本局动车调度,并通过系统填报“TEDS预报故障通知/处置单”。对于采取途中监控入库检查方式的情况,由故障发现监控中心通过系统并电话通知配属动车(客车)段监控中心,由配属段监控中心通知随车机械师途中监控。

(2)动车调度员接到预报后须立即核实列车车次和列车所在位置,并通知列车调度员。如列车已驶出局管界,则应立即电话通知列车驶入局动车调度员,并通过系统将“TEDS预报故障通知/处置单”转驶入局动车调度员,由其通知列车调度员。列车调度员接到动车调度员通知后,应及时通知司机按要求处置。

①接到须立即停车检查口头指示时,动车组司机应立即使用最大常用制动停车并通知随车机械师。随车机械师按规定程序下车检查处置并及时向所在局动车调度反馈信息。

②须到站停车检查时,列车调度员须提前通知动车组司机,动车组司机接到通知后按列控车载设备(信号)显示停车并通知随车机械师。需避开高站台时,随车机械师需及时通过司机向列车调度员提出请求。随车机械师按规定程序下车检查处置并及时向所在局动车调度员反馈信息。

③接到需要限速运行口头指示时,动车组司机按规定限速运行并通知随车机械师,途中遇动车组司机换乘时,交班动车组司机和随车机械师须将限速情况向接班动车组司机交接清楚。动车组随车机械师须重点监控积冰积雪严重车辆,发现异常情况须按规定处置并及时反馈信息(包括提出限速或停车要求)。如TEDS监控发现列车积冰积雪状态缓解可取消或改变限速时,TEDS作业组长及时通知动车调度员要求随车机械师在前方站或前方办客站下车检查确认,由动车调度员通知随车机械师,随车机械师到站下车检查确认,根据检查情况决定是否取消或改变限速,并将情况按规定程序向所在局动车调度反馈信息。如可以取消或改变限速时,由随车机械师通知动车组司机并在司机手账签认,动车组司机接到通知报告列车调度员(车站值班员)后,按要求运行。

(3)动车调度员须将停车检查结果和处置方式,及时电话通知列车行交路下一铁路局动车调度员,由其通知所属TEDS集中监控中心密切监控列车运行状态,并及时通过系统将“TEDS预报故障通知/处置单”转入下一铁路局集团公司。按此方式各相关局依次传递信息。

(4)动车组入库后或异地存放时,配属动车(车辆)段须及时通知动车组所在动车(车辆)段对预报故障进行全数复核;配属动车段须做好故障跟踪,并及时将途中处置及复核情况录入动车组管理信息系统。

七、责任界定

(1)TEDS 分析员未按规定要求对 TEDS 监控数据进行分析造成漏检,未及时将故障信息向作业组长报告,违章操作造成设备故障,在计算机上使用无关软件发生病毒感染,列 TEDS 分析员责任。

(2)TEDS 作业组长未将接车任务分配到分析员造成漏检,未及时确认分析员报告故障信息,未及时将预报信息报告路局动车调度员,未及时将系统故障通知设备维修组,违章操作造成设备故障,在计算机上使用无关软件发生病毒感染的,列 TEDS 作业组长责任。

(3)铁路局动车调度员未核实列车车次和列车所在位置造成错办或漏办,未及时将有关信息通知列车调度员或邻局动车调度员造成信息延误,列动车调度员责任。

(4)铁路局列车调度员未按规定处置预报信息造成迟办、错办或漏办,列车调度员责任。

(5)动车组值乘司机未按要求进行停车或限速造成后果的,列动车组值乘司机责任。

(6)动车组随车机械师未按要求进行故障检查处置造成后果的,未按要求及时反馈信息造成信息传递延误,列动车组随车机械师责任。

(7)对因设备原因或已实现自动报警功能但未自动报警而导致漏检的,定设备厂家责任,同时追究设备配属铁路局集团公司管理责任;因设备使用维护管理不到位导致漏检的,追究相关设备管理单位或铁路局集团公司的责任。

(8)在试运行期间因 TEDS 设备本身原因造成的漏报、误报,比照有关事故调查处理规定处理。

八、评价考核

(1)铁路局集团公司应建立 TEDS 运用管理考核机制,定期考核通报 TEDS 运用管理情况,并对 TEDS 进行系统评价。主要指标为开机率、准确率、分析率、复核率,简称 TEDS 4 率。开机率须达到 100%,准确率须达到 50%及以上,分析率须达到 100%,复核率须达到 100%。

①开机率=(系统理论工作时间和-系统故障停机时间和)/系统理论工作时间和×100%。时间以分钟为单位,“系统理论工作时间和”不包括计划检修时间。

②准确率=分析员预报故障件数/报警故障件数×100%。

③分析率：

自动报警分析率=分析故障件数/报警故障件数×100%。

人工作业分析率=实际分析动车组列数/应分析动车组列数×100%。

④复核率=复核故障件数/“双确认”预报故障件数×100%。

(2)动车(客车)段按月、季、年分别统计4率并报铁路局集团公司作为运用管理考核及系统评价的主要依据。

(3)铁路总公司将适时对铁路局集团公司TEDS运用管理情况进行排名通报。

第二节　TEDS监控系统的运用特点

TEDS设备可实现双向接车，对通过此探测站上下行的动车组均能进行图像检测。采集动车底部、侧部可视部件的完整图像，其覆盖范围包括：头车的排障器、扫石器、转向架悬吊牵引电机、联轴节、传动齿轮箱、牵引拉杆、供风管线、制动缸、跨接电缆线、轮对、制动盘、闸片、闸片开口销以及底板、走行部各螺栓螺母等的外观状态。TEDS的设计理念在于对动车组可视部件图像进行自动图像处理，从而分析和识别故障，对异常区域进行故障分级，通过自动报警框对人工作业复核进行提示，人工仅需对提示报警位置进行确认和复核，从系统上降低了人工分析作业量，减少了一级修压力的同时，也减少了TEDS作业分析员的配备量，也有效地提高了故障预警效率和作业质量。动态检查图如图4-1所示。

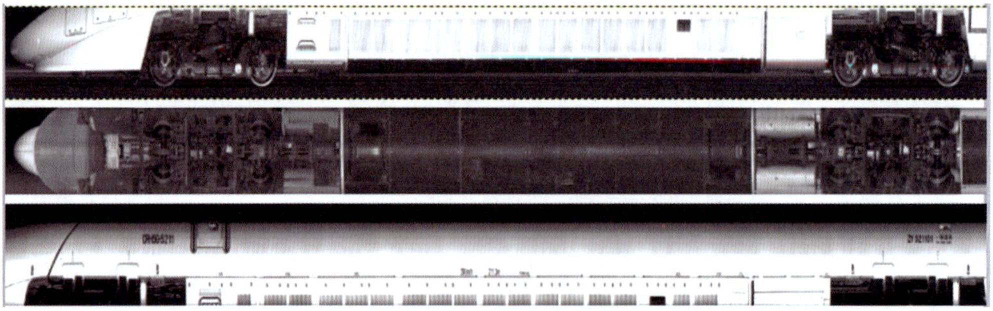

图4-1　TEDS右侧下、底中、右侧上的动态检查图

TEDS系统通过自动识别车号(因车号是唯一的)，线阵相机扫描采集图像与车号一一对应，可通过车组号为主键，系统自动录入车辆图像，前端通过车组号索引车辆图像，在后端数据库中，以识别出来的车号作为关键词和主键索引，通过数据交换接口系统自动与动车信息管理系统进行数据交换，可以实时获取该车组号对应的车次信息，并向动

车信息管理系统数据库上传图像数据。

该系统还具备一定的统计、查询、分析功能，比如通过索引车组，检查一段时间内的预报故障，检查 TEDS 作业分析员的作业流水、作业量、在线时间、作业次数等，从而指导动车的一级修，同时检查人工作业人员的作业质量。

第三节　当前 TEDS 监控系统运用存在的困难及问题

在 2014～2015 年，铁路总公司关于印发《动车组运行故障图像检测系统（TEDS）探测站设备暂行技术条件》的通知，对 TEDS 规定了技术标准，如图 4-2 所示，并且由铁科院开发前端应用界面。但是，在动车运营线上安装的各厂商 TEDS 设备仍然具备明显差异，原始图像数据的存储、报警信息的报文、图像数据的传输方式、原始图像的格式、线阵相机拍摄图像扫描线数、图像分割数量、图像尺寸等均不统一，这给 TEDS 运用及维修带来困难。

➢ 使用环境。在下表所列使用环境条件下，TEDS设备应能正常工作。

TEDS 探测设备使用环境表

序号	项目	机房设备	轨旁设备
1	温度	0～50 ℃	−45～+70 ℃
2	湿度	≤95%	≤95%

➢ 适应速度。适应动车组速度5～250 km/h。
➢ 图像传输速度。8编组动车组整车通过后 5 min 内完成图像及自动识别报警传输。
➢ 线阵图像分辨率。线阵图像采集模块分辨率小于1 mm/像素。

➢ 自动识别指标。
  - 能自动识别直径5 mm及以上的螺栓丢失、部件发生5 mm及以上的异常形变或位移、50 mm×50 mm及以上的油污面；
  - 8编组动车组自动识别时间小于5 min；
  - 自动识别报警准确率不小于50%。

➢ 服务器及存储容量。探测站原始采集信息及图像保存不少于30天。
➢ 计轴计辆误差。能自动计轴计辆，计轴误差小于3×10^{-6}，计辆误差小于3×10^{-5}。
➢ 测速误差。能自动测量车速，正常行驶过程中测量速度误差不小于5×10^{-2}。
➢ 车号识别率。车号识别率大于99.9%。
➢ 车辆方位识别。能自动识别动车组车辆1、2位端，1、2位侧以及运行方向的左、右侧，识别率不低于99.9%。
➢ 识别报警标记框尺寸。自动识别报警标记框尺寸不大于实际故障的2倍。

图 4-2　TEDS 统型技术标准

同时,由于原始图像数据量巨大,报警数量急剧增多,且误报情况也较为明显,现有的铁路办公网网络普遍带宽不足,导致海量监控图像数据传输速度不够,这是 TEDS 三级联网应用的突出问题。而目前在某些铁路局集团公司的动车所入所处,安装 TEDS 设备,目的是减轻一级修的作业压力,但尚未形成规范的管理模式。解决网络带宽问题、统一分析员业务规则、规范分析员的培训等是未来 TEDS 运用管理需要重点着手的工作。如何进一步开发 TEDS 自动识别报警功能,使动车组运行故障动态图像数据能够为动车组安全运行提供有效保障?如何进行全路范围内实时有效的联网应用,为运用检修维护以及统一规范管理等工作提供有力手段?如何进一步改善动车组运行故障图像监控系统故障处置回填,与动车组管理信息系统沟联形成故障处置闭环?这些都是 TEDS 联网运用管理中等待进一步解决的问题。

第四节　TEDS 应急处置方法

TEDS 实现了对动车组在线运行走行部、裙底板各部件状态的监控,提高了故障产生初期的预警能力和追踪能力。在 TEDS 日常运用管理中,发现故障后的应急处置必需有效到位,才能消除安全隐患,确保动车组的运行安全。

TEDS 监控中心应急处置办法:

1. 发现立即拦停处理的故障(等级一)执行的程序

(1)监控中心分析员根据《动车组运行故障动态图像检测系统(TEDS)运用管理办法》(铁总运〔2016〕62 号)中的检查拦停标准发现需要立即拦停的疑似故障后,立即汇报当班工长。并在系统上立即确认车组号、车辆号、车次信息、图像通道、故障具体部位等基本信息。

(2)当班工长通知车间值班技术,在确认预报故障情况属实后,立即通过动车组信息管理系统查询该故障动车组的配属局、配属所、根据担当交路情况查询经过后续探测站信息,确认信息后将具体故障情况通过录音电话上报至本局动车调度台,由动车调台负责通知本局列调司机拦停动车组,如果列车已经行驶出管内,动调台需通知交路运行下一铁路局集团公司的动调台,由故障列车实时运行交路所属铁路局集团公司动调台通知列调拦停列车。

(3)在电话上报完毕后,当班工长在系统内填写 TEDS 系统预报故障通知处置单,通过传真的形式上传至动车调度台,后续由动车调度台安排拦停动车组和机械师下车检查。

(4)上报的立即拦停故障信息动车组涉及本段配属动车组时,需同时将故障信息通知应急指挥中心和相关配属所。

(5)涉及本段动车组的立即拦停故障时,后续经随车机械师下车检查、处置故障时需要应急指挥中心的指导协助。之后应急指挥中心生成短信推送给相关人员。

(6)由机械师反馈故障检查处理情况,并且由动调台在系统上进行回填。

2. 发现前方站、前方办客站停车检查的故障(等级二)执行的程序

(1)监控中心分析员根据《动车组运行故障动态图像检测系统(TEDS)运用管理办法》(铁总运〔2016〕62 号)中的检查拦停标准发现需要前方站点检查确认的疑似故障后,立即汇报当班工长。并在系统上立即确认车组号、车辆号、车次信息、图像通道、故框选障具体部位等基本信息。

(2)当班工长通知车间值班技术,在确认故障情况及基本信息属实,立即通过动车组信息管理系统查询该故障动车组的配属局、配属所、根据担当交路情况查询经过后续探测站信息,确认信息后将具体故障情况通过录音电话上报至本局动车调度台,由动车调台负责通知本局列调司机前方站检查该动车组,如果列车已经行驶出管内,由动调台需通知运行交路下一铁路局集团公司的动调台,由故障列车实时运行交路所属铁路局集团公司动调台通知列调在前方站停车检查列车状态。

(3)电话上报完毕后,当班工长填写 TEDS 系统预报故障通知/处置单,通过传真的形式上传至动车调度台,后续动车调度台安排前方站拦停和下车检查。

(4)上报的立即拦停故障信息动车组涉及本段配属动车组时,需同时将故障信息通知应急指挥中心和相关配属所。

(5)涉及本段动车组的立即拦停故障时,后续经随车机械师下车检查、处置故障时需要应急指挥中心的指导协助。之后应急指挥中心生成短信推送给相关人员。

(6)由机械师反馈故障检查处理情况,并且由动调台在系统上进行回填。

3. 发现途中监控入库处理的故障(等级三)执行的程序

(1)监控中心分析员根据检查拦停标准发现不影响动车组正常运行、不需要停车检查的疑似故障后,汇报当班工长。分析员通过 TEDS 系统立即确认车组号、车辆号、具体图像通道、故障具体部位、运行方向的左右侧等基本信息。详细预报故障信息。

(2)当班工长确认故障及基本信息情况属实,查询动车组的配属局、经过担当交路的探测站时等信息,确认故障并在系统上进行上报。

(3)涉及本段配属动车组在接到预报故障通报后,由配属动车所安排待动车组回库处置、若在异地所过夜,也由动车所安排在交路结束后进行处置。

(4)次日由配属动车所向监控中心反馈故障处理情况,当班工长记录故障信息及反馈情况,形成 5T 日报表,推送至路局集团公司相关管理部门。

4. 对外局 TEDS 通报的设备故障执行的程序

(1)监控中心收到外局 TEDS 监控部门通知的本段配属动车组故障信息时，由当班工长记录相关信息，包括车组号、车辆号、车次信息、具体故障位置、预报探测站信息以及外局信息上报的具体情况。

(2)若遇到拦停类故障，需将故障信息在第一时间电话通知应急指挥中心和相关配属所。同时通过录音电话联系外局 TEDS 监控部门，并要求传递具体的故障照片。并第一时间将转发故障照片给应急指挥中心。后续由应急指挥中心进行指导处置。

(3)涉及途中监控入库检查的故障由当班工长知动车组配属动车所，由配属动车所安排待动车组回库处置、若在异地所过夜，也由动车所安排在交路结束后进行处置。

TEDS 设备在防范动车组故障隐患上发挥了一定的作用，通过及时预报故障以及对动车组预报故障的确认处理，启动应急预案，消除安全隐患，更好地确保了动车组的运行安全。为更好的保障 TEDS 监控分析中心分析员的作业质量，确保动车组运行监控工作的稳定开展，需要我们进一步研究运用管理手段、细化完善应急处置办法、规范 TEDS 的管理细节，这些在后续丛书中也会有专篇叙述。通过积累作业分析经验、沟通运用管理措施，逐步完善运用系统，保障铁路动车组运行安全。

未来，还将进一步结合现场运用管理中总结的实际情况，对 TEDS 的运用管理开展进一步的研究与改进。例如，针对现场作业工作量大、监控列车重复度较高的情况，总结分析故障发生周期规律，提出精简重复看车作业的方案，降低现场作业人员工作量；针对故障的现场处置影响行车组织的情况，分析现有故障的分级分类方式，提出更加优化的分级分类方案，侧重减少动车组正线拦停处置量；根据运用工作的现场实际情况，总结梳理现场监控、实时处置、复核检修的信息管理流程，改进故障处置方式方法，加强信息共享及公开；结合动车组检修与行车安全监控业务的相关性，提出监控辅助检修、优化检修的运用管理思路，为动车组运用管理工作的整体加强提供支持。

复习思考题

1. TEDS 应急处置方法有几级预报?
2. TEDS 运用管理中必须有的 10 项管理制度分别是什么?